自分に一番似合うメイク&ヘアがひと目でわかる

世界一シンプルな
ナチュラルメイクの教科書

ヘアメイクアップアーティスト
赤松絵利

講談社

CONTENTS

- 6 ナチュラルメイク&ヘアのルール
- 8 はじめに
- 9 メイク以前の基本のスキンケア&マッサージ
    - 11 洗顔
    - 12 メイク落とし
    - 13 保湿
        化粧水、乳液、オイル
    - 17 スペシャルケア
        角質ケア、角栓ケア
    - 18 マッサージ
        - 18 基本の1分マッサージ
        - 20 目をぱっちりさせたい
        - 21 口角を上げたい
        - 22 輪郭をすっきりさせて小顔に
        - 23 左右のバランスを整えたい

24　PART 1　MAKE-UP　メイク

- 25 メイクの順番をチェックしよう
- 26 自分の骨格を指でチェックしてメイクゾーンを知ろう
- 28 メイクに必要なアイテム
- 29 一番役立つのは"手"、鏡の選び方・見方

30　1. 肌づくり
- 31 必要なアイテム
- 32 下地の塗り方
- 33 リキッドファンデーションの塗り方
- 36 フェイスパウダーの塗り方
- 37 肌づくりのアイテムの選び方
- 38 肌づくりの悩みを解消します！

40　2. ハイライト
- 41 必要なアイテム
- 42 ハイライトの塗り方

43 愛用のアイテム＆ブランド 〜スキンケア＆ベースメイク編

44　3. アイメイク

 45　必要なアイテム
 46　アイシャドウの塗り方
 48　アイラインの引き方
 49　マスカラの塗り方
 50　アイメイクの悩みを解消します！
 52　眉の描き方
 53　基本の眉の手入れ
 54　悩み別 眉の描き方
  54　悩み① まゆ毛が薄い、細い人
  55　悩み② まゆ毛がない人
  56　悩み③ まゆ毛が濃い、ぼさぼさな人　悩み④ 剃りすぎてしまった人
  57　悩み⑤ 左右のバランスが悪い人

58　4. チーク

 59　必要なアイテム
 60　チークの塗り方
 61　チークの悩みを解消します！

62　5. リップ

 63　必要なアイテム
 64　リップの塗り方
 65　リップアイテムの選び方
 66　リップの悩みを解消します！

67　なりたい自分になれる！ とってもシンプル！ 2 ステップテクニック

 68　1. 知的　　　　　70　2. かわいく
 72　3. 上品　　　　　74　4. 素っぴん風
 76　5. メガネ　　　　78　6. おしゃれ
 80　7. 華やか

82	シンプルなメイク直し
83	必要なアイテム
84	肌が崩れたとき
85	目元がヨレた、崩れたとき
86	チークが落ちてしまったとき、リップを塗り直すとき
87	メイク道具のお手入れ
88	今すぐマネしたい撮影現場でのテクニック
90	目からウロコのスキンケア&メイク お悩み解消&個性に変える 20テクニック
91	黒ずみ、いちご鼻、開き。 毛穴はあなたが思っているほど、他人は気にしていません
92	季節の変わり目のゆらぎ、乾燥、肌荒れ。 メイクがのらないときはお風呂でオイルパックを
93	老けて見える、疲れて見える。どんより、しっくりこない日は三日月のレフ板
94	白いニキビができたらまずはつぶしてしまいなさい
95	冷え、寝不足、生理前。コンディションの悪さによる顔のくすみには、耳をクルクル
96	飲みすぎ、水分の摂りすぎで顔がむくむ。そんなときは脇をわしづかみ
97	メガネの跡、枕ジワ。年齢とともに取れにくくなる跡にはホットタオル
98	ゾンビのような万年グマはあえて隠さず、ハイライトで目くらまし
99	目のむくみ、腫れは時間が解決してくれます。マッサージをして引くのを待って
100	ほうれい線、口角、目尻、頬のたるみ、顔の垂れ下がり。 ゆるみには効果大の3つの合わせ技
102	シミ、ソバカスは消してはいけません。むしろナチュラルに残しましょう
103	赤ら顔、地黒など肌色が悩み。透明感が欲しいなら下地をラベンダー色に
104	頬骨の出っ張りが気になる人は直線ハイライト
105	大きな顔を小さく見せたい人、えらが張っている人にはかもめシェーディング
106	メイクが古く見える、年齢とともに似合う色がわからない人は プチプラを卒業しましょう
107	鼻が低い、のっぺりしている……。 目鼻立ち美人を目指すなら、劇的効果の眉影&鼻輪ライン
108	垂れてきたまぶた、タレ目にすっきりライン&はっきりラインを追加
109	一重さん、奥二重さんが目を大きく見せるにはかまぼこライン
110	見た目の印象を操るチーク位置の魔法
111	唇をふっくら見せたいなら上唇のハイライトでボリュームアップ
112	愛用のアイテム&ブランド 〜メイク編

113　PART 2　HAIR　ヘア

114　ヘアは髪の毛と頭皮それぞれ分けて考えよう

116　1. ヘアケアアイテムの選び方

- 116　シャンプー
- 117　コンディショナー、トリートメント
- 118　ブラシ、コーム
- 119　ドライヤー、ヘアアイロン

120　2. 毎日のヘアケア

- 120　予洗い
- 121　シャンプー
- 122　コンディショナー
- 123　ドライ
   - タオルドライ、ドライヤー

127　3. 頭皮マッサージ

130　自然なイメチェンが素敵！ アカ抜けて見える簡単シンプルテクニック

- 132　1. 高さを変える
   - 132　ポニーテール
   - 138　おだんごヘア
- 140　2. 分け目を変える
- 142　3. 巻き方を変える
- 146　4. カラーを変える
- 148　5. 前髪を変える

150　加齢も怖くない！ ヘアの切実な悩みから解放されるテクニック

- 151　ぺったり、ボワッとふくらむ……。髪のボリュームはドライヤーでコントロール
- 152　傷む、パサつく、枝毛、色が抜ける、広がる、湿気でクセが出る。毛の悩みにはインバストリートメント
- 154　フケ、かゆみ、脂っぽい、臭い。頭皮のトラブルには洗う前のスカルプケア
- 156　抜け毛、産後、毛痩せ。薄毛が気になるときはマッサージ＆専用ファンデでカバー
- 158　加齢とともに目立ってくる白髪にはカラーリング＆応急セルフ染め

ナチュラルメイク

1. 流行に左右されず自分を一番素敵に見せる

流行を自分に当てはめるのではなく、自分に当てはまるメイクをしましょう。
目鼻立ちといった、もともと持っているパーツを最大限に生かすので、
その人の顔とメイクが一体になった仕上がりに。
結果、一番素敵な自分に見せられて、
それが私の考える「世界一のナチュラル」になるんです。

2. 年齢を重ねるほどアイテム＆テクニックは減らす

お肉がそげてきてできる骨格の影、シワの数というように、
年齢を重ねるほど、顔には刻まれるものが増えてきます。
増えるものがあるということは、以前の顔とはバランスが変化しているということ。
増えたぶんはアイテム＆テクニックを減らすことで、プラスマイナスゼロにできます。
今の自分にぴったり合った、きれいなバランスを取りましょう。

3. 何より大切なのは、清潔感

人が心地いいと思うものって、すべて清潔感がありますよね。
例えば、白いシャツ。新品のよさももちろんあるけれど、
洗い立てのすがすがしい白さ、その清らかさはすごく気持ちよく美しく感じる。
メイクやヘアも同じです。清潔感をかもしだすと、
自分だけでなく、まわりの人の目に心地よく、美しく見えます。
にごりのない明るく澄んだ肌は、清潔感の基盤ですので、
スキンケアも日々、丁寧にしましょう。
丁寧さって、人柄みたいなものにも表れてくるから、
きちんとしている女性だなって、内面まで透けて見えてくるはずです。

& ヘアのルール

4. 欠点は個性に変える、好きになる

世の中にまったく同じ顔の人がいないように、
まったく同じ欠点を持っている人もいません。
つまり、自分だけにあるものだから、個性という強みにできるんですよ。
誰にも真似できない個性のある人は、とにかく素敵。
大人になるほど、自分の存在感を示す武器になります。
目をそむけるより受け入れて、欠点をポジティブなものに変えていきましょう。
それを、自分の手で簡単にできるのが、ヘアメイクなのですから。

5. 他人からの視点をメイクの基準に

他人が褒めるのは「メイクがうまいね」ではなく、
「すごく肌がきれいだね」「清潔感があるね」というような"印象"です。
なぜなら、どれほど気合を入れても、人はメイクを見ていないから。
女性はメイクをするとき、目や眉、唇とパーツで考えがちですが、
"印象"はトータルで生まれる、引きの目線で決まるもの。
他人の視点を基準にすると、ちょうどいいバランスになりますし、
他人の目によく映るということは、
メイクが自分にフィットしている、ナチュラルな状態ということですよね。

6. 骨格を使った一生モノのテクニック

筋肉はトレーニングなどでいかようにも変えられるけど、
骨は絶対、変えられません。変えられないものは変えようとしないで、
むしろうまく利用してしまいましょう。
顔の中でも高さがあって硬い骨は、光をダイレクトに受ける場所。
骨格を使ってメイクをすれば、立体感も透明感も生まれるし、
自分の造形を生かして、そのときの年齢に合った、自分らしい顔になる。
だから年齢や流行に左右されない一生使えるテクニックなのです。

赤松絵利

蒼井優、綾瀬はるか、多部未華子、鶴田真由、常盤貴子ら、多くの女優、モデル、ミュージシャン、アーティストなど、個性があり、かつナチュラル美人な著名人たちのヘアメイクを手掛ける。美容学校の講師、またヘアメイクプランナーとして雑誌、ドラマ、映画、舞台、展覧会などでも活躍している。

esper.

赤松さんのヘアサロンでは、その人らしさを引き出すヘアを提案している他、ヘアメイクスクールも開校。イベント、ワークショップなども開催する、ワンダーな空間。
㊟東京都港区南青山3-14-11
☎03-5772-3900
http://www.esper-net.com

はじめに

　ヘアメイクアップアーティストという仕事に携わるようになって約20年。その間、ずっと"かわいい"をつくることにこだわってきました。私にとっての"かわいい"は、チャーミングであること。世間一般でいわれているような、ぱっちりした目や高い鼻、卵形の輪郭のことではありません。なぜなら、その人らしい魅力が出てくることが"かわいい"につながるからです。だから、誰かの真似をしたり似せるのではなく、あくまでその人らしさが一番自然に見えてくる、ナチュラルメイクが大好きです。

　女優さんのメイクをさせていただくときも例外なくチャームを引き出すことに重きを置いていて、必要以上に目をぱっちりさせることもなければ、シミやシワを隠すために塗りたくることもありません。そうして造形を過剰に変えないほうがオリジナリティが生きるという事実を、数々の撮影現場で体感し、ゼロからプラスするのがいわゆるメイクだと考えれば、ナチュラルメイクはマイナスのものをゼロにするくらいのものだ、という考えに至りました。マイナスというのは、まだ際立たせていないところ、例えば、アイホールや頰の立体感のように、はっきり形を露にしていないところのこと。そもそも自分で持っている素材を生かすだけなので、いくらそこをメイクで強調しても、ナチュラルに、それでいて一番素敵な状態になるんです！

　そんなテクニックをこの本の中に凝縮しました。つい厚塗りになってしまったり、濃くしてしまうのはメイクは欠点を隠すものだとネガティブに捉えているからではないですか？本当は自分の顔を生かすものなんだ、それが気持ちいいんだって、試して感じていただけたら、とても嬉しいです。

メイク以前の

BASIC SKIN CARE & MASSAGE

基本のスキンケア&マッサージ

紹介するのは、今まで一度も話したことがなかった、肌のきれいを自分の力で引き出せるようになる方法。瞬時に肌に透明感が出るあまりの効果に、「あれ、お願い！」と、撮影現場でリクエストされるテクニックも初公開します。

SKIN CARE & MASSAGE

メイクの仕上がりを変える
基本のスキンケア
&マッサージ

肌の中と外を掃除して
透明感を生み出す

　スキンケアとマッサージは、肌を掃除し、肌の中の水を入れ替える行為だと私は考えています。年齢を重ねると新陳代謝が低下し、水分代謝も落ちてきて、巡りが悪くなります。イメージしてもらいたいのは、一日たったお風呂のにごったお湯。今見えている肌色、それと同じ色です！水分代謝を促すリンパに働きかけるマッサージをすれば、にごった肌細胞の水を倍速で入れ替えできます。スキンケアで肌の表面に溜まった汚れを落とし、新しい水を注ぎ込むと、きれいな水でいっぱいになった肌から、透明感があふれ出てくるんです。

洗顔
WASH

ゴシゴシこするのではなく"泡に汚れを吸い取らせる"のが洗顔です。朝は水洗いだけ、という人もいますが、睡眠時も皮脂は出るし、肌に空気中の汚れなどが付着するので毎朝、洗顔料を使いましょう。

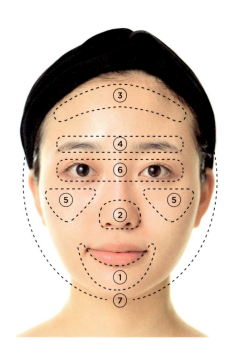

洗い方

肌に刺激を与えないよう地肌には触れず、洗顔ネットでよく泡立てた泡をコロコロ転がすようにすると、毛穴の奥の汚れまでしっかり吸着。すすぐときは人肌くらいのぬるま湯で。

--- WASHING STEPS ---

洗う順番

皮脂が多く、トラブルが出やすいのに見逃しがちなところからスタート。ニキビができやすいおでこは、生え際までしっかり洗うこと。最後に全体を1周すると洗い残しが防げます。

① あご〜口角

② 小鼻

③ おでこ

④ 眉

⑤ 頬

⑥ 目元

⑦ 全体

メイク落とし
CLEANSE

メイクは肌にぴったりフィットしているので、クレンジングを肌にきちんとなじませないと完璧に落とせません。おすすめは、しっとりなじむミルクタイプ。ネチネチ粘り気が出たら完了のサインです。

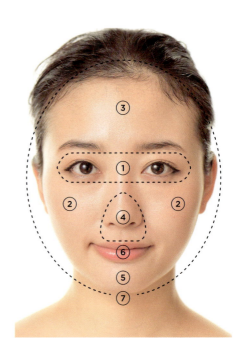

洗い方

強くこすらず、赤ちゃんをなでるくらいの軽い力加減で、指のはらをクルクルと回転させるように。広いところは、親指以外の4本で。細かいところは、中指と薬指の2本を使って。

CLEANSING STEPS

**1 専用リムーバーで
アイメイクを落とします。**

中指と人差し指でリムーバーを含ませたコットンを挟み、まぶたにのせて。まつ毛ぎわまで指でしっかり押さえて5秒キープ、スルッとなでおろします。

**2 クレンジングは広いところから。
頬とおでこにクルクルと。**

**3 小鼻と鼻の下、あごなど細かいところを。
先に落とした目元はサラッとなでればOK。**

**4 指のはらを使って、唇
全体を軽く1回なでます。**

最後、全顔を軽く洗いぬるま湯で流したら、手のひらで肌を包み込んで。スキンケアに備え、乾燥やザラつきなどの質感を確認。

保湿
MOISTURIZE

保湿に必要なアイテムは３つ

化粧水 LOTION　　乳液 MILK　　＋　　オイル OIL

　潤いを注入するだけでなく、逃さないようふたをすることで保湿ができます。その目的をもっとも確実に果たしてくれるのが、この３点。化粧水はトロッとしたテクスチャーだと肌表面に残るとろみにごまかされ、潤ったと錯覚してしまうので、シャバシャバ系を。肌が欲するだけ与えましょう。乳液はバリア機能を高めてくれるので、肌が荒れにくくなります。そして、オイル。これ以上にふたをしてくれるアイテムはありません！　この３点で潤いを溜め込んだ肌は、水分と油分のバランスが整い、毛穴開きなどのトラブルも起きにくく、肌が安定するのです。

保湿
MOISTURIZE

（ 化粧水 ）
LOTION

1 手のひらのくぼみに
溜めるように
化粧水をとります。

こぼれる
ギリギリまで

2 **指先まで**手全体に化粧水を
広げたら、顔全体に
パシャパシャつけて
手のひらで包み浸透させます。

3 目まわり、口角、
小鼻などの
凹凸は**指のはら**で
浸透させます。
目尻や目頭のくぼみ
も忘れずに。

4 手のひらで顔をさわり、
浸透具合をチェックします。
足りない場合は繰り返して。

手が肌に吸い着き、
肌の上に水滴が
残るくらいがOK！

乳液
MILK

1 手のひらのくぼみに
溜めるように
乳液をとります。

1円玉大ほど

2 **指先まで**乳液を広げ、
手のひらで**ゆっくり**
温めるような意識で、
顔全体に押し入れます。

3 目まわり、口角、小鼻などの
凹凸は乳液を少し指にとり、
体温でしっかり
入れ込むようにつけます。

追加は
米粒大

化粧水を指先まで
つけるのはなぜ？

化粧水は手全体を使ってなじませますので、肌に触れる指先まで化粧水をつけておくとムラなく効率よく浸透させることができます。逆に、指先につけていないと、乾いた指が触れてなじませた化粧水を吸い取ってしまう可能性もあるので、気をつけましょう。

保湿
MOISTURIZE

(**オイル**)
OIL

1 手のひらのくぼみに
溜めるようにオイルをとって、
指先まで広げます。

2〜3滴

2 **体温で肌に入れ込む**ように、
手のひらを押し当てて、
顔全体に浸透させます。

3 余分なオイルは、
顔にティッシュをのせ、
両手のひらで押さえてオフします。

肌がヌルヌルしていたら、
余分なオイルがあるサイン。
これ以上は肌に浸透しない
ので、取ってしまいます。

スペシャルケア
SPECIAL CARE

角質や角栓は、肌にとって不要なくすみのもと。溜め込まないようにするとともに、自分の代謝によって自然と取り除ける肌に導くお手入れを、週に1回の習慣に！

角質ケア

おすすめアイテム

驚くほど肌の新陳代謝が上がるのがスロン。1剤で代謝を促し、2剤で角質や汚れを包み込んで落とす仕組みなので肌に優しく、一気に透明感があふれます。1剤は、置く時間を変えると肌の状態に合わせた効果が。左・スロン スキンエッセンス 145ml ¥3400、右・同 クレンジング＆ウォッシングローション 145ml ¥3100／レノール販売

1 1剤のエッセンスを5プッシュ、指のはら全体を使って、乾いた顔全体になじませます。

2 5〜10分置きます。時間を置くほど代謝されるのでくすみがひどい日や寝不足時は15分に。

3 2剤を5プッシュとり、重ねづけ。両手を少し濡らし乳化させ、ぬるま湯で洗い流します。

角栓ケア

おすすめアイテム

無理やりではなく、吸着して角栓や毛穴、きめに詰まった汚れを取り除くクレイタイプ。角栓ケアアイテムは使った後につっぱり感が残りがちなのに、むしろしっとりします。全顔用の洗顔料ですが、パックにすると即効性がありますよ。クレイカメレオン トランスフォーミング クレンザー 120g ¥3000／ベアミネラル

1 小鼻や唇の下のくぼみなど、ザラつきが気になるところにのせて、1〜2分を目安にパック。

2 濡らした指をクルクルまわしながらなじませ、人肌くらいのぬるま湯で洗い流します。

マッサージ
MASSAGE

（ 基本の1分マッサージ ）

私がやっているのは、筋肉とリンパに働きかけるマッサージ。筋肉の間にも詰まっている老廃物をリンパに流して排出し、血管に新しい酸素を送り込むことができるので、たった1分でも、やるかやらないかで透明感が段違いです！頭の重みを利用するので、手が疲れることもありませんよ。

1 テーブルの上に**ひじをついた姿勢**で、スタンバイします。

マッサージの圧は強めに、痛いと思うくらいで。でも無理はしないでください。

2 ひじは固定したまま眉〜おでこあたりに指を置き、**頭の重みをのせます。**
頭を少しずつ前に倒し、頭頂部までグーッと指を滑らせます。

 ▶

指を熊手のように開き、頭の重みをしっかり預けると、必要な圧がかかります。

眉から頭頂部まで、頭の重みを感じながらゆっくり3秒かけて、3回繰り返します。

3 小鼻わきに指を置き、頬骨下を**えぐって**、こめかみへ。

小鼻わきに人差し指をつけて、軽く下を向いて、指に頭の重みをのせます。

頭の重みをかけたままあごを引き、頬骨下をえぐり、耳の前をグリグリ3秒。

あごを引きながら、こめかみまで指をずらし、こめかみをクルクルと3秒マッサージ。

4 口角から、口角の横にあるくぼんでいるところを**えぐって**、耳の前へ。

口角に指を置き、あごを軽く引いて、頭の重みを指に預けます。

頭の重みをのせたままあごを引き、口角の横のくぼみへ指を滑らせ、えぐります。

さらにあごを引いて、頭の重みを感じながら耳の前へ。くぼみをグリグリ3秒ほぐします。

5 指で耳を挟んでさすり、首筋を通って、鎖骨上を**グーッとプッシュ**。

人差し指と中指で耳を挟み、上下に3回さすって、耳の前後にあるリンパを刺激。

あごを引きながら頭の重みを指にのせて、首筋へグーッと流します。

あごを引きながら鎖骨まで指を滑らせ、鎖骨のくぼみを押します。これを3回繰り返します。

マッサージ
MASSAGE

（ 目をぱっちりさせたい ）

目の上下、おでこと小鼻をマッサージするのが効果大。おでこは目の疲れを取って、むくみを解消します。視神経とつながっている小鼻のわきを刺激すると、目がパチッと開いて、白目もクリアに。鼻筋もすっきりしますよ！

1 両指でおでこを∞（8の字）を描くようにマッサージ。

両手の指を揃えてこめかみに置き、こめかみに溜まった目の疲れをほぐします。

おでこを通って、指を眉間に勢いよくおろし、眉頭から眉尻をグッと引き上げます。眉をしっかり動かすイメージで。

8の字を描くようにまたおでこを通り、眉間におろした指をこめかみに戻します。これを3周繰り返します。

2 小鼻のわきを**グッ**と押します。

イタい（泣）！

涙が出るくらいの強さで小鼻のわきをグッと押し、10秒キープ。小鼻に詰まった老廃物を排出します。

POINT むくみチェック

中指と薬指をまぶたにのせて、下方向に軽く押します。薬指の下にプクッとふくらみが出たら、むくんでいるサイン。ひどいほどふくらみは大きくなりますので、日々チェック！

口角を上げたい

このマッサージは、テーブルにひじをついて行います（P.18 **1**）。普段、自分では使わない頬の筋肉をストレッチするので、口角が上がるのはもちろん、表情が出やすくなり、笑顔もつくりやすくなります。

1 鼻の下を押さえて**左右にほぐし**、そのまま頬骨下をえぐって耳の前へ。

頭の重みを両手の指にのせ鼻の下を押さえて、歯茎にさわる気持ちで、3往復ほど指を左右に動かして。

口角まで指を滑らせ、あごを引きながら肉を集めるような意識で、頬骨下までグーッと引き上げて。

耳の前で、指を上下にグリグリ3秒間ほぐし、リンパを流して、老廃物の詰まりを解消します。

2 あごから耳の前へ**筋肉を引き上げます**。

軽く下を向き頭の重みをのせ、揃えた指であごを押さえます。やはり、歯茎をさわるようなイメージです。

あごを引きながら、少しずつ脇を締めて、頭の重みで頬骨下の肉を耳の前に持っていきます。

耳の下の顎関節のへこみまで指を滑らせ、3秒、グリグリと詰まりをほぐします。

マッサージ
MASSAGE

（ 輪郭をすっきりさせて小顔に ）

このマッサージもテーブルにひじをついて行います。輪郭のむくみを取って、シャープな小顔に変えましょう。**1**は、骨に沿って親指がグッとくい込むくらい深く入れるのがコツ。**2**は、年齢を重ねると出てくるたるみにも有効です。

1 あごの先から耳下まで、**顔のまわりをほぐして**、輪郭を出します。

あごを軽く上げて、親指と人差し指であごの先の骨をグッとつかみます。

頭の重みをのせながら親指をあごの骨に沿って、グーッと力をかけ耳の前に滑らせます。

耳の下にある顎関節のへこみをグリグリと3秒ほど、指に力を入れてマッサージ。

なでるタッチで首筋を通って、老廃物を鎖骨まで流します。

2 あご裏の**三角ゾーンを刺激**し、あごを細くとがらせます。

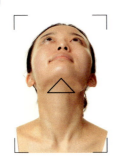 ▶  ▶

マッサージをするのは、頭を後ろに倒したとき、あごの裏側に見える三角形にくぼんだところ。

テーブルにひじをつき、あごを上げてくぼみに指を置き、頭の重みを指にのせて3秒キープ。

あごを下げながら、指を鎖骨まで滑らせ、鎖骨まで届いたらくぼみをグーッと3秒押します。

(**左右のバランスを整えたい**)

ほとんどの人は、生まれつき左右の顔のバランスが違っていますが、噛みグセや食いしばりのように、あごの使い方による極端なズレは調整を。クセは直せるし、整えてあげると、それだけでかなりきれいな印象になるんです。

顎関節を親指で押さえ、**下あごを左右にゆらします。**

正面を向き、耳の穴の1cmくらい前にある、上下のあごが噛み合っている顎関節を親指で押さえます。

親指をしっかり固定した状態で、口を開けて、あごを大きく左右にゆらします。

あごが滑らかに動くようになるまで、繰り返します。最低でも、3往復は行って。

PART 1

MAKE-UP
メイク

ナチュラル＝薄化粧ではありません。
唯一無二の自分の顔に自信が持てて、好きになれる。
「きれいになったね！」と褒められるようになる。
普段の撮影でもやっているメイク方法をお伝えします。

FINISH

メイクの順番をチェックしよう

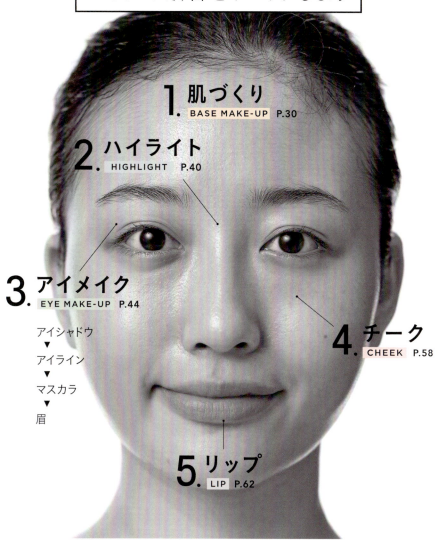

1. 肌づくり BASE MAKE-UP P.30

2. ハイライト HIGHLIGHT P.40

3. アイメイク EYE MAKE-UP P.44

アイシャドウ
▼
アイライン
▼
マスカラ
▼
眉

4. チーク CHEEK P.58

5. リップ LIP P.62

PART 1 MAKE-UP

　メイクは、一番素敵な自分の顔を組み立てていく作業です。その骨組みとなるベースメイクで、顔の中の光と影を際立たせると、骨格がはっきり見えてきて、そこから先、どの位置にメイクをすればいいのかがわかります。骨格が導くメイク位置を守れば、ナチュラルメイクは必ずうまくいくんです！　素敵さって、シンプルなことでつくられるんですよ。

自分の骨格を指でチェックして メイクゾーンを知ろう

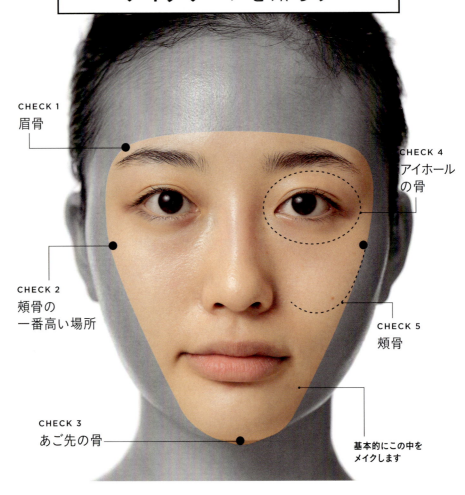

CHECK 1
眉骨

CHECK 2
頬骨の
一番高い場所

CHECK 3
あご先の骨

CHECK 4
アイホール
の骨

CHECK 5
頬骨

基本的にこの中を
メイクします

骨格メイクのメリット

1. 自分の骨格を使ってグラデーションをつくるので、立体感が自然。
2. 明るくしたい場所にハイライトをのせるので、透明感が出る。
3. なにより塗る分量が少ないので、素肌感が残る。

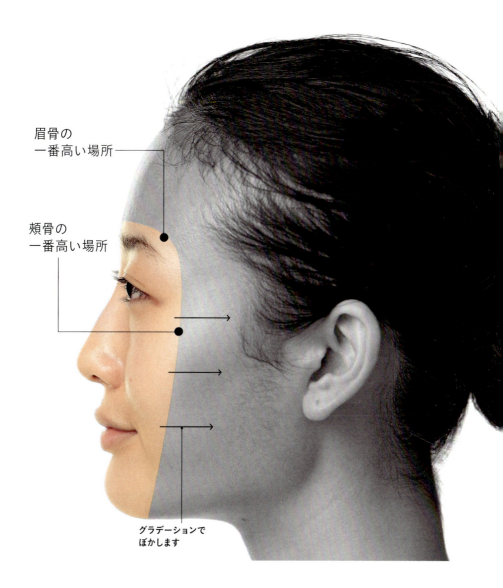

眉骨の
一番高い場所

頬骨の
一番高い場所

グラデーションで
ぼかします

　私のメイクは、骨と一体という考え方。顔の骨格からメイク位置を導き出せば、自分の素顔を生かした"自分だけの"メイクになります。色をのせるのは眉骨の一番高いところから頬骨の出っぱり、あご先の骨を結んだ、逆三角形の中のみ。この顔の中心を明るくすると、例えば、山折りにした白い紙に上から光を当てると、すそに向かって影になっていくように、輪郭方向に自然なグラデーションができるので、正面も横顔も立体的で美しくなります。さぁ、自分の骨格を確認して、スタートです！

メイクに必要なアイテム

1 アイブロウパウダー
2 ハイライト
3 チーク
4 コーム
5 スクリューブラシ
6 リップブラシ
7 アイシャドウブラシ(小)
8 アイシャドウブラシ(大)
9 チーク&ハイライトブラシ
10 リップスティック
11 リップクリーム
12 眉ペンシル
13 リキッドアイライナー
14 マスカラ
15 スポンジ
16 リキッドファンデーション
17 下地
18 フェイスパウダー
19 パフ

　撮影時は、大きな旅行用のスーツケースに道具を入れて持ち歩いているんですけど、実は基本的に必要なのはたったこれだけ。アイテムって頼りすぎると使いすぎて、メイク過多になるんですよね。それは、洋服でいう着ぶくれ。メイクで顔が着ぶくれしてしまうんです！　色を重ねるほど崩れやすく、色もにごりやすくなります。アイテムはたくさん使うより少数精鋭。それがナチュラルの決め手なのです。

一番役立つのは"手"

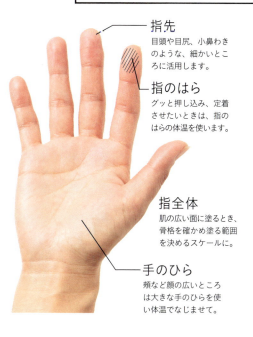

指先
目頭や目尻、小鼻わきのような、細かいところに活用します。

指のはら
グッと押し込み、定着させたいときは、指のはらの体温を使います。

指全体
肌の広い面に塗るとき、骨格を確かめ塗る範囲を決めるスケールに。

手のひら
頬など顔の広いところは大きな手のひらを使い体温でなじませて。

手は世界でひとつのセルフメイクツール！

この世に、手ほど優秀な道具はありません。手のひらも指も、どんな場所にも自在に合わせることができるし、五感と直結しているから、この骨の位置までメイクするんだなとか、乾燥しているなという顔の情報もひろえます。体温でメイクも密着できて、本当に万能！　ぜひ、手でスキンケア＆メイクをすることを覚えましょう。

鏡の選び方・見方

顔全体が映る大きさの鏡を選びましょう

手鏡だと至近距離でメイクを見ることになるので、細かいところに集中してしまってメイクが濃くなります。顔全体がすっぽり映る、置き型の鏡の前でメイクをするのがベスト。メイク全体のバランスが取りやすくなります。仕上げたら、デコルテが映るくらいの距離から見て、顔全体の印象を把握することも忘れずに！

1. 肌づくり

BASE MAKE-UP

自然できれいな肌には
大雑把がちょうどいい

　シミやクマ、あわよくばシワもなくしたい！ と欲ばると、ベースメイクはどんどん濃くなります。欠点に重点をおくと、すべて消えるまで重ねることになるからです。それに、人の目には顔の肌だけでなく、首やデコルテも見えているので、完璧に消しすぎると顔だけ浮いて不自然に。これ、老けて見える大きな原因です。肌の美しさを決めるのは、完璧につくられているかではなく、「透明感があるな、イキイキしているな」というような、人に与える印象。完璧を狙うより、大雑把なくらいのほうが、他人との距離感ではちょうどよく見えるんですよ。

ベースメイク

ハイライト

アイメイク

チーク

リップ

1. BASE MAKE-UP >> 2. HIGHLIGHT >> 3. EYE MAKE-UP >> 4. CHEEK >> 5. LIP

必要なアイテム

ITEM 1　ピンク色の下地

健康的な血色感がつくれるピンクは、ピュアさを出せる万人におすすめしたい魔法のカラー！理想は桜の花びらのような色み。骨格で光をコントロールしたいので、乱反射するパールが混ざったものはNG。なじませるとフワッと明るさが出てくる、微細なパールがベストです。そしてSPF30前後のUV効果のあるものを選んで。

ITEM 2　リキッドファンデーション +スポンジ

どのタイプより一番軽く、肌にぴったりフィットするのがリキッドタイプ。塗る量をコントロールしやすく、しかも混ぜやすいので、下地と混ぜればその日の肌色に合わせたトーン調節も自在です。私は、カバー力があって、人肌に近い適度なツヤが出るセミマット系の質感が好き。合わせてスポンジも用意してください。

ITEM 3　フェイスパウダー +パフ

絵の具と同じで、色は混ざるほどにごるので、フェイスパウダーは、ここまでのステップでつくった肌の色を邪魔しない、トランスルーセントタイプを選びます。固形のプレストパウダーより粉状のルースパウダーがベター。一緒に使うパフは毛足の長いものがおすすめです。

塗り方
HOW TO APPLY

(下地 PRIMER)

BEFORE  ▶  AFTER

1 下地を1円玉大ほど
手にとり、
手のひらになじませます。

 2cmくらい

2 手のひらで顔全体に大きく
ペタペタ塗ります。
その後、手のひらで肌を押して、
体温と圧でグーッ、グーッと
押し込みます。

 ▶

3 目のきわ、小鼻、口元など
凹凸とシワには下地を少量追加し、
スマホに触れるくらいのタッチで、
指先でトントンのせます。
目のクマ、シミなど、色ムラの
気になるところも重ねます。

 ▶

1. **BASE MAKE-UP** ≫ 2. HIGHLIGHT ≫ 3. EYE MAKE-UP ≫ 4. CHEEK ≫ 5. LIP

（ リキッドファンデーション ）
LIQUID FOUNDATION

BEFORE

この範囲に塗ります！

AFTER

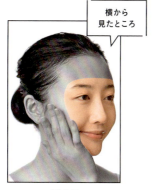

横から見たところ

SIDE

コンシーラーは使わなくていいの？

つくりたいのは、素肌っぽい肌。コンシーラーを使うと異質感が加わり重さが出て、隠したことがわかってしまうので、素肌からかけ離れてしまいます。骨格メイクは、シミやクマなど気になるものが出やすい顔の真ん中を明るくするので、実はたいていの悩みは光で飛ばせます。それでも隠したい、という場所があるならば、下地とファンデーションを混ぜて重ねましょう。ベースの肌と同じ質感なので、違和感なく目立たなくできますよ。

PART1 MAKE-UP

塗り方 HOW TO APPLY （ リキッドファンデーション LIQUID FOUNDATION ）

1 ファンデーションを**パール大ほど**手にとり、中指の第2関節までつけます。

後で追加していくので、こ のとき、ファンデーションの 量を少なめにしておくのが 自然に仕上げるポイント。

2 鼻のわきから中指を**ワイパーのように**滑らせてファンデーションを塗ります。

3 塗ったところを**中指と薬指で上からしっかり押さえて、** そのまま輪郭へぼかすようにファンデーションをなじませます。

ぼかすのは、頬骨の高いと ころより外側です。指で骨 格を確認しながらなじませ ましょう。

4 米粒大のファンデーションを指にとり、眉骨の上に **一直線に**塗ります。そして**2cmほど上向きに**なじませます。

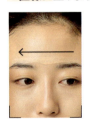 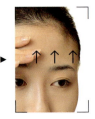

1. BASE MAKE-UP >> 2. HIGHLIGHT >> 3. EYE MAKE-UP >> 4. CHEEK >> 5. LIP

5 再度、米粒大のファンデーションを中指にとり、まぶたになじませたら、**眉の中をスッスッとなぞって眉の地肌に塗り込みます。**

まぶたに塗るときは、片手で眉を引き上げて、目頭側からまぶたに円を描くようになじませます。また、地肌が透けると眉が浮いて、逆にメイク感が出てしまうので、眉の中も忘れずに！

6 中指に米粒大のファンデーションをとり、鼻筋に沿って**スーッとなでおろします。**その後、小鼻のわき、鼻梁、鼻の下までのばし、なじませます。

ファンデをのばした後、小鼻のわきは下から上に塗って毛穴を埋めます。鼻の下は塗りやすいようのばし、つけ根や両穴のまわりにも。

7 米粒大のファンデーションをとった中指で下唇からあご、口角を塗り、なじませて。

あごは上から下へ、口角は口を少し開けて塗ります。最後に指で肌と唇の境目をなじませると自然な仕上がりになります。

8 中指に残ったファンデーションを目の下のきわにトントンと塗った後、**目頭の三角ゾーンに下地とファンデーションを**少量混ぜたものを指でトントン重ねます。

下地の明るさがレフ板効果をはたし、コンシーラーを使わなくてもクマを目立たなくできます。

塗り方
HOW TO APPLY

（ フェイスパウダー ）
FACE POWDER

BEFORE  ▶  AFTER

1 ふたにパウダーをとり、パフを1周させて中に含ませ、よく揉み込み、手の甲でポンポンして**余分なパウダーを払います**。

 ▶  ▶  ▶

2 細部にもつけやすいようにパフを2つに折って、動いてヨレやすい目のまわり、小鼻に**押し込むようにつけて**フィットさせます。

 ▶

3 面積が広い頬とおでこは、空気を含んでフワフワと軽くつくよう、**ポンポンはたいて**なじませます。

 ▶

肌づくりのアイテムの選び方
HOW TO CHOOSE BASE MAKE-UP ITEMS

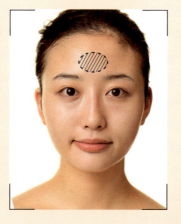

ファンデーションの色の選び方は？

上からの光が一番きれいに当たっている、おでこで選びます。顔の中心部だけに塗る骨格メイクでは、明るい肌色で顔の中心部を高く見せることで自然なグラデーションができるので、浮くことはなく自然になじむんです！

| 色白さん | ▶ ピンク系 |
| 色黒さん | ▶ ノーマルなオークル系 |

リキッド以外のパウダリー、BBクリーム、クッションなどは？

手軽で簡単！リキッドと同じ範囲、塗り方で使用してもOKです。とはいえ、ラフに仕上げたいときにはおすすめですが、やはりリキッドほど、どんな肌でもきれいに見せてくれるものはないですし、塗るのに慣れれば時間もかかりませんよ。

ピンク以外の下地の色はどう使うの？

肌の欠点をカバーしてくれるので、P.31のピンクの代わりや、混ぜて使用してもOK。基本的に白やピンクは、くすみや細かいシワ飛ばしに。オレンジは、青みのクマに効果的。赤ら顔の人にはグリーン、逆に血色感が足りなくて顔色が悪いならピンクを。

肌づくりの悩みを

小ジワやほうれい線に入ってヨレる
▼

これは、ファンデーションが余って、肌の上でだぶついているということ。**まず、塗る量を減らしてみてください。**肌にフィットして一体化するので、ヨレにくくなりますよ。また、肌に不要な角質が溜まっていたり、乾燥していても定着が悪くなってズレやすく、ヨレのもとになります。スキンケアにも気を配ってくださいね。

毛穴にファンデが沈み込む
▼

沈む穴をなくしてしまいましょう。**下地をなじませた後、毛穴の気になるところを中指と薬指でギューッギューッギューッと3回押さえる**と、下地が奥まで埋め込まれ、毛穴が目立たなくなります。毛穴は洗顔、クレンジングや保湿をしっかりする習慣をつけないと広がる一方。根本からの肌改善もがんばりましょう！

テカってしまう
▼

人間ですもの、皮脂が出てテカってしまうのは当たり前なんですよね。なのに、さらに使うアイテムでテカらせていませんか？　キラキラした下地やファンデ、パウダーは、肌のテカリを増長させるもと。**できるだけノーマルなものを選ぶようにしましょう。**この本で紹介しているアイテムを参考にしてみてください。

1. BASE MAKE-UP » 2. HIGHLIGHT » 3. EYE MAKE-UP » 4. CHEEK » 5. LIP

解消します!

肌とファンデが
なじまず浮く
▼

肌とファンデーションの間にあるものを処理しましょう。まずは、**顔のうぶ毛**。あるとファンデーションが定着しないので、**剃るなどして処理してください**。私のおすすめはレーザー脱毛です。うぶ毛は毛穴を開かせる一因にもなるので、処理すると毛穴も目立たなくなります。もうひとつは、**角質**。溜まっているところはザラつくのでなじみません。スペシャルケアでオフして肌をクリーンにしましょう（P.17）。

厚塗りになる
▼

ファンデーションを塗った後、**なにもつけていないスポンジで肌を押さえ込みましょう**。知らず知らずにつけすぎていた余分なファンデーションをスポンジに吸い込ませることができるので、厚塗り感がなくなります。小鼻のわきなど凹凸のあるところは、2つに折ったスポンジの先で押さえると、細部まできれいに整いますよ。

ムラになってしまう
▼

角質が溜まっていることも一因ですが、顔の中に乾燥しているところと皮脂が多いところが混ざっていると、質感がバラバラになるので当然、ムラづきします。**自分の肌のコンディションとしっかり向き合って**、悪さをしている原因に対処してください。

ファンデが白浮きする
▼

顔の中で一番上にあり、上からの光をもっとも受ける、**おでこの真ん中に合わせて色を選んでください**。見極めるときは、色が変化する蛍光灯ではなく、できれば自然光の下で。ちゃんと顔の正面に光が当たるよう、立ち位置にも注意しましょう。

PART 1 MAKE-UP

2. ハイライト

HIGHLIGHT

高いところに光を
集めれば美形になる

　ハイライトを入れない、という人もいますが、それはみすみす美形になることを拒んでいるようなもの！なぜなら、人の目に映る造形は光と影で構成されているから。高いところに光を集めて、はじめて立体感が見えてくるんです。例えば、白い紙を山折りにして上から光を当てると、山の頂点は明るくなり、すそに向かって暗くなっていきますよね。顔も同じです。光を集めて、高いところを明るくしてしまえば、あとは成り行きで陰影が出る。すごくシンプルなことが、骨格に沿って際立つ立体感の正体＝美形のもとなんですよ。

| ベースメイク |
| ハイライト |
| アイメイク |
| チーク |
| リップ |

1. BASE MAKE-UP >> **2. HIGHLIGHT** >> 3. EYE MAKE-UP >> 4. CHEEK >> 5. LIP

必要なアイテム

ITEM 1 桜色のハイライト

光を集めながら、ほんのり血色感と初々しさを生み出す、桜の花びらみたいなこの色以上に、女性をかわいくしてくれるものはありません！ 白いハイライトのように浮くこともなく、日本人の肌にすんなり溶け込み、黄みを払って透明感をつくり出してくれます。選ぶときに気をつけてもらいたいのは、パール感。肌の上でペタッとパールが寝るものは、平面的な光り方になるので、テラテラして不自然です。点々とパールが立つもので、パールの色がピンクゴールド系のものが理想です。

3cm

原寸大

ITEM 2 ブラシ

ハイライトは、ふんわり肌にのせられるブラシでつけましょう。大きめサイズにすると、粉体をブラシの中に取り込むことができるので、空気をはらんだようによりふんわり軽く肌にのせられるし、面積があるぶん、1ヵ所だけ発色が強くなるというようなムラづきの心配もありません。毛質は、柔らかく上質で肌への刺激がない、灰リス毛がおすすめです。

塗り方
HOW TO APPLY

(**ハイライト** HIGHLIGHT)

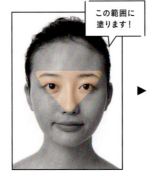

BEFORE

この範囲に塗ります！

AFTER

1 ブラシにハイライトを含ませます。

ブラシの両面に1回ずつなじませておくと、均一にハイライトが含まれるので、肌にムラなくふんわりつけられます。

2 **眉骨の上**に、眉間を起点に左右の眉尻までハイライトをなじませたら、鼻筋をスーッとなでて。

最初にのせる部分にもっともハイライトがつくので、顔を明るく柔らかく見せる効果がある眉間からスタートします。

3 目頭の三角ゾーンと、まぶたの上下にもなじませます。

1. BASE MAKE-UP » **2. HIGHLIGHT** » 3. EYE MAKE-UP » 4. CHEEK » 5. LIP

愛用のアイテム＆ブランド

スキンケア＆ベースメイク編

清潔感と素肌感をかなえるものを

　素肌をクリーンにすることに重きをおいている私が選び抜いたクレンジングは、**アルビオンのアンフィネスのミルク**。肌に優しいのによく落ちるし、拭き取りとしても使えるので、ロケなど水洗いできない環境のときも頼りになります。アイメイクのオフには、マスカラやアイラインの溶け方がスムースな**ディオールのポイントメイクリムーバー**。目にしみないので、初めて使った人にすごく喜ばれるんですよ。これらでまっさらにした肌には、**シスレーのローション、オーフローラル**と美容乳液、**エコロジカル　コムパウンド**を。どちらも鎮静効果があって、肌のコンディションが一定じゃないときも安定させてくれる、肌の美しさが要となるメイクの必需品です。

　ベースメイクでは、ピュアな肌が大好きな私の片腕となっている下地が、**ジルスチュアートのラスティング　ティントコントロール　ベース　01**。本当にきれいなナマ肌感が出て、びっくりするくらい透明感が生まれるんですよ。**エレガンスのパンプリフティングベース UV** も極めて優秀。睡眠不足や疲れが蓄積した肌色を補整するコントロールカラーとして使うことが多いのですが、ものすごくなじむのに期待通りの効果をちゃんと出してくれる賢い下地です。リキッドファンデーションは、**ディオールのディオールスキン　スター　フルイド**。カバー力と保湿力を兼ね備えていて、ソフトマットな質感で肌がすごく滑らかに。何色か揃えて、肌の色に合わせてブレンドしています。

3. アイメイク

EYE MAKE-UP

顔の中にある色以外は
一切、必要なし！

　黒と肌色、その延長線上にある色さえあれば、目元はとんでもなく！美しくなります。目指しているのはナチュラルメイクですので、顔の中にある色と同系色で陰影を出せば、メイクをした美しい目元が、まるでもともと自分のものだったかのように見えるわけです。ただし、塗るところを間違えると台なしですので、最初にメイクをするまぶたは、色を塗る前に骨の形を確認。眼球の丸みの中に陰影をつけることで、はじめて目ははっきり見えてきます。その他のアイメイクも、自分の形以上にしようとがんばる必要はありません。とくに眉は、長くすると確実に老けます。きれいになるはずのメイクで損をしないでくださいね。

- ベースメイク
- ハイライト
- **アイメイク**
- チーク
- リップ

1. BASE MAKE-UP >> 2. HIGHLIGHT >> **3. EYE MAKE-UP** >> 4. CHEEK >> 5. LIP

必要なアイテム

ITEM 1

3色アイブロウパウダー

なにもしていないかのように自然な陰影がつけられるこの3色のパウダーをアイシャドウとして使う裏ワザ。エレガンスのパーフェクト ブロウ パウダー(GR40 ¥4000)は、アッシュ系で赤みがないので浮きません。もちろんまゆ毛にも使えるので一石二鳥。私がつくる目元はほぼこの一品でできています。

ITEM 2

リキッドアイライナー(黒)

パーツの境界線をはっきりさせる黒色が必需品。肌や白目とまつ毛の黒とのコントラストがつくので、それぞれがくっきり見えてきます。

ITEM 3

眉ペンシル (ブラウン系)

ぼかしやすいよう芯がやわらかく、細部まで丁寧に描ける極細タイプを。色は肌なじみのよさでグレー系よりブラウン系を選びます。

ITEM 4

スクリューブラシ

眉のぼかしに使うので、まゆ毛の根元にきちんと入ってブラッシングできる、毛足が長いタイプがベストです。

PART 1 MAKE-UP

ITEM 5

コーム

黒は眉やまつ毛が見えにくいので、白やグレーが最適です。歯の先端はあまり丸くないほうが、根元から毛先まできれいに整います。

ITEM 6

マスカラ (黒)

ツヤのある漆黒のボリュームタイプを。ポロポロ落ちてくるので、お湯落ちタイプではないものを使います。

約5mm　約1.2cm

ITEM 7

ブラシ 大・小

目の形やカーブにフィットする平筆タイプを。ナイロン素材は静電気が起きやすく、肌に色がのらないので、動物毛をおすすめします。

塗り方
HOW TO APPLY

(**アイシャドウ**)
EYE SHADOW

BEFORE

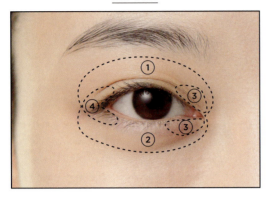

なぜアイシャドウではなく アイブロウなの？

アイシャドウは、発色させることを目的としているのですが、アイブロウは眉を自然に見せるために色も質感も開発されているので、目元に使っても肌になじみ、仕上がりが自然になるのは当たり前なんです！　色のつけすぎ、広げすぎといった失敗もしにくいんですよ。

▼

AFTER

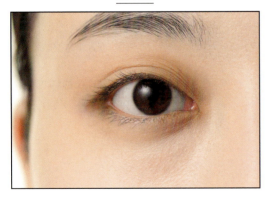

1. BASE MAKE-UP >> 2. HIGHLIGHT >> **3. EYE MAKE-UP** >> 4. CHEEK >> 5. LIP

1 なにもつけていない大きいブラシで**アイホールを確認し**、その範囲全体（①）に薄いブラウン（**a**）を塗ります。

筆先を押し込んでくぼむところまでがアイホール！

筆をくるんと回転

2 下まぶたの目頭から目尻（②）に大きいブラシでベージュ（**c**）をのせます。

丸い眼球は下まぶたにもあるので上下でひとつの目。下まぶたにも軽く色をのせるとバランスがとれます。狭い範囲なのでブラシを横にして細い側面で塗って。

3 小さいブラシで目頭（③）に、薄いブラウン（**a**）を塗ります。

目頭から黒目の内側までに影をつけると、顔の中心が高く見えるんですよ。

4 小さいブラシで薄いブラウン（**a**）と、濃いブラウン（**b**）を1:1の割合で混ぜて、**目尻のへり**（④）にのせ、影をつけて目をはっきり見せます。

へりとは、目尻の上まぶたがかぶさるところ。そこに影をつけると、目の形に合った陰影が自然について効果的。まぶたを片手で引き上げると塗りやすいです。

塗り方
HOW TO APPLY

(アイライン)
EYELINE

BEFORE  AFTER

1 鏡を下に置き、**覗き込むような姿勢**でスタンバイします。

鏡を下に置くと、まつ毛のきわも隙間も両方見えるので、アイラインを入れる位置がわかりやすく、ラインも落ちにくくなります。

この姿勢＆鏡の位置で！

2 上まぶたを片手で引き上げて、上まつ毛の中を目頭から目尻に**隙間を埋めながら**線を描きます。

まつ毛のきわから1mm幅で

3 目を開けた状態で、目尻のラインに沿って**自然な流れで**アイラインを足します。

1. BASE MAKE-UP >> 2. HIGHLIGHT >> **3. EYE MAKE-UP** >> 4. CHEEK >> 5. LIP

(マスカラ)
MASCARA

BEFORE

AFTER

1 マスカラをティッシュで挟んで**グッと芯からしごき**、余分な液を取り除きます。

コームに残った液だけを使うと、きれいにまつ毛をとかしながら塗れるのでムラになりません。

2 上まつ毛の上側を、根元からマスカラを**回転させるように**塗ります。

3 上まつ毛の下側の根元にマスカラをグッと入れて、**毛先へ持ち上げます。**

4 上まつ毛の**上から**コームでとかします。

下まつ毛は どうするの？

基本的に塗りませんが、一重など上まぶたが重いと感じる人は軽く塗ってバランスをとります。

ビューラーは いらないの？

自分の本来のまつ毛の形が変わってしまうので、必要ありません。マスカラで自然に上がるくらいが、自分の目に合ったカールなんですよ。

アイメイクの悩みを

アイシャドウが
ヨレる
▼

目元のヨレの多くは、ベースメイクに原因があることが多いんですよ。**ファンデーションをつけすぎていたり、あるいはパウダーで押さえきれていない**場合は、どちらも肌とアイシャドウのつなぎがゆるくなるので、まばたきをするたびにズルズル動いてしまうんです。まばたきをするとき動く場所は、**厚塗り厳禁、塗り残し厳禁**。P.35 と P.36 で確認してください。

アイメイクが
落ちやすい、にじむ
▼

だいたいにじむのは目尻ですよね。そもそも涙が溜まるところなのでにじみやすいし、指で触れるクセがある人も多いので、自分で取ってしまっている場合もあるんじゃないでしょうか。一番の解決策は、とにかく**アイシャドウを塗る前に、しっかりパウダーで押さえておくこと！** 上まぶたを持ち上げて、目尻のへりも押さえておくと、効果的ですよ。

アイラインが
うまく描けない
▼

目をつぶって描いていませんか？ 実はアイラインは、**しっかり目を開けて描くだけで**、一気に上達します。鏡を下に置いて、覗き込みながら描いてみてください。まばたきをしてもずっと目が見えているから手元がズレにくいし、描きすぎて太くなっちゃった！なんてこともなくなります。詳しくはP.48 で紹介していますので、参考にしてみてください。

解消します!

目の下がパンダになってしまう
▼

マスカラをまつ毛の根元中心に塗ってください。まつ毛の毛先はまばたきで肌に触れやすいので、こすれたときの摩擦で落ちて、下まぶたを汚してしまうことが。その点、根元はどれほど動いても下まぶたと接触することがないし、毛先はダマになりがちだけど、根元はなりにくいから仕上がりもきれい。かつ、根元を中心に塗ると、まつ毛が密集しているように見えるので、目もくっきりするなどいいことばかりなんですよ。

失敗したときはどうするの?
▼

失敗したところを綿棒で拭き取り、ファンデーションをつければ、いちいちベースメイクを塗り直す手間が省けて、カバーとリカバーが同時にできます。ステップとしては、まず失敗した場所を乾いた綿棒で拭き取ります。アイシャドウなどのアイテムはパウダータイプのものが多いし、クリームタイプでも最近は質感が軽めなので、乾いた綿棒で大丈夫。落としたら、綿棒につけたファンデーションを塗って、上から指で押さえれば完了です。

描き方
HOW TO APPLY

(眉)
EYEBROW

BEFORE　　　　　　　　AFTER

1 眉の下ラインがよく見えるように、あごをちょっとあげて、眉下のアーチに沿って、アイブロウペンシルで目頭から**線を描きます**。

眉の毛並みや毛そのものを極力自然に見せたいので、上ラインでなく下ラインに沿って描きます。

＼ 不自然に見えるくらいでOK ／

2 スクリューブラシで眉下から上向きに**細かくブラッシング**し、ぼかします。

隙間が少し残るくらいのほうがナチュラルに仕上がるので、完璧にしようと塗りすぎないで。とくに眉頭はヌケ感が大切なので必要以上に濃くしすぎないこと。

＼ ラインが少し残ってもOK ／

どんなブラウンを選ぶの？

色みは、肌とのコントラストが近いほうが自然に見えるので、髪の色、目の色で合わせるより、肌色との相性で選びましょう。ノーマル、色白肌ならライトブラウン、地黒ならブラウンを。いずれも、赤みのない色みにすれば顔が老けません。

1. BASE MAKE-UP >> 2. HIGHLIGHT >> **3. EYE MAKE-UP** >> 4. CHEEK >> 5. LIP

基本の眉の手入れ

BEFORE

AFTER
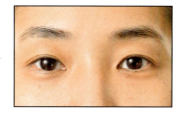

1 ハサミを肌にくっつけて、明らかにいらない毛をカットします。

刃先が細いハサミを！

まゆ毛の上ライン、眉頭は処理しなくてもOK。まゆ毛の上下、眉間のうぶ毛は剃りましょう。

2 **眉尻の毛は残し、**その他の眉全体を毛流れに逆ってグッと下向きに指で押し出し、眉のラインからはみ出た毛をカットします。

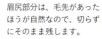
眉尻部分は、毛先があったほうが自然なので、切らずにそのまま残します。

3 毛が密集している眉山は、**下45度**にグッと押し出し、眉のラインからはみ出た毛をカットします。

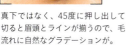
真下ではなく、45度に押し出して切ると眉頭とラインが揃うので、毛流れに自然なグラデーションが。

PART1 MAKE-UP

悩み別 眉

悩み ❶ まゆ毛が薄い、細い人

BEFORE ▶ AFTER

1 **リキッドアイブロウ**で基本の眉の描き方（P.52）をし、乾かないうちに、すぐスクリューブラシでぼかします。

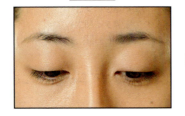
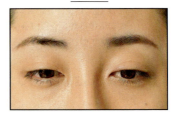

リキッド＆パウダーを使います

リキッドは色が肌にフィットするので毛のない人、少ない人におすすめ。パウダーとセットが便利。

2 まゆ毛が足りていない眉山から眉尻にリキッドアイブロウで一本一本、**毛を植え込むように**描きます。

NG

一直線に描くとぺったり平面的になって不自然に。眉の生え方に合わせて一本一本、丁寧に毛を描き足しましょう。ペン先を寝かせず、立てるとうまくいきます。

3 眉の地肌に触れるか触れないかくらいの**ごく軽いタッチ**でアイブロウパウダーを毛流れと逆向き、毛流れ通りの順に重ねます。

まゆ毛にパウダーを絡めてふんわりボリュームづけしたいので、軽いタッチで。

1. BASE MAKE-UP ≫ 2. HIGHLIGHT ≫ **3. EYE MAKE-UP** ≫ 4. CHEEK ≫ 5. LIP

の描き方

悩み ❷ まゆ毛がない人

BEFORE　　　　AFTER

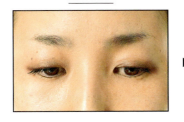 

1 **リキッドアイブロウ**で基本の描き方（P.52）をし、乾かないうちに、すぐスクリューブラシでぼかします。

リキッド＆パウダーを使います

毛がないところは自分で自然なラインを描いて。

2 毛がなく肌が見えている部分に、リキッドで**毛を植えるように一本一本描いた後**、毛流れに逆らってパウダーをのせます。

まゆ毛の根元に色を入れるため、毛流れと逆向きにパウダーをのせます。リキッドの上にパウダーを重ねると、異なる質感による陰影が出て、本当に毛が生えているかのように見えます！

3 眉マスカラを重ねて、明るさを出します。

ブラウンの眉マスカラを使います

眉の根元まで色をつけるために、毛流れと逆向きに塗った後、毛流れ通りになじませて整えます。

PART 1 MAKE-UP

悩み ❸ まゆ毛が濃い、ぼさぼさな人

BEFORE 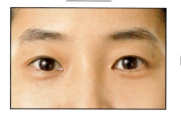 AFTER

1 基本の眉の手入れ（P.53）をした後、眉頭とその下に生えている**うぶ毛を数本**カットします。

眉頭の下に毛があると、荒々しさが出て、きつく見えがち。ここをなくすと、眉間が抜けて、目元が優しい印象になります。

2 基本の眉の描き方（P.52）で仕上げます。

悩み ❹ 剃りすぎてしまった人

BEFORE 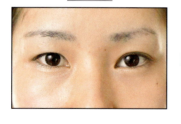 AFTER

1 青くなっている部分を**ファンデーションでカバー**します。

毛流れと逆向きに、指でポンポンとファンデーションを塗り、剃り跡の青みを他の肌色に合わせます。

2 濃いブラウンのアイブロウパウダー（中央）をフワッと重ねます。

毛流れと逆方向にブラシを数回動かし、眉の地肌を染めるイメージで。

悩み ❺ 左右のバランスが悪い人

BEFORE　　　　　　　AFTER

1 低いほうの眉は**上のライン**を、高いほうの眉は**下のライン**を、
リキッドアイブロウかペンシルで線を描きます。

描き方で揃えても、元々左右差のある表情筋によってズレるので、高いほうの眉は基本の描き方にし、低いほうに高さを出して、印象を揃えます。

2 上のラインは下向きに、下のラインは上向きに、
スクリューブラシで細かくブラッシングしてぼかします。

描いたところを軽くとかして、眉になじませると、左右が同じように仕上がります。

4. チーク

CHEEK

血色を"軸取り"すれば思いどおりの印象になる

　私の骨格メイクのチークは"軸取り"で塗る位置を考えています。縦軸を鼻筋、横軸は左右の耳の穴を結んだところに設定。その軸を基準に印象をコントロールしています。横軸より高く、縦軸より外の位置に入れるほど、頬骨を際立たせることになるので大人っぽく。横軸より低く、縦軸に近づけるほど骨が目立たなくなるので、かわいくなります。よく「チークを塗る位置がわからない」という声を聞きますが、正しい位置を追求するより、なりたいイメージに合った"軸取り"を覚えれば、もう迷子になることはありませんよ！

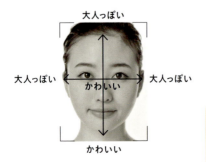

大人っぽい / 大人っぽい / かわいい / 大人っぽい / かわいい

ベースメイク
ハイライト
アイメイク
チーク
リップ

1. BASE MAKE-UP >> 2. HIGHLIGHT >> 3. EYE MAKE-UP >> **4. CHEEK** >> 5. LIP

必要なアイテム

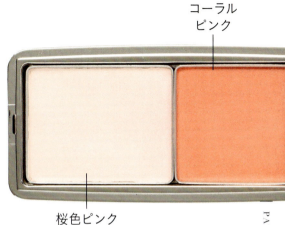

コーラルピンク

桜色ピンク

ITEM 1

2色のピンク系チーク

おすすめは、血色感を与えて元気に見せる肌なじみのいいコーラルピンクと、立体感を際立たせるパールの入った桜色の組み合わせ。桜色は、主役にするコーラルピンクを溶け込ませて、肌の中からにじみ出るような自然な血色を演出してくれます。セットのものが見つからなかったら、1色ずつ揃えても。

3cm

原寸大

ITEM 2

ブラシ

チークをしっかり含ませられるよう、毛が濃密で毛先に向かってグラデーションになっているものを選びましょう。頬の曲線＝丸みになじみます。

PART 1　MAKE-UP

塗り方
HOW TO APPLY

(チーク)
CHEEK

BEFORE

AFTER

頬骨を中心に、目の下から鼻のわきまでポケット形に塗ります。

1 チークをブラシの両面に含ませてから**手の甲ではたいて、**量を調整します。

2 コーラルピンク(a)を①にのせます。

始点は黒目の下あたり。そこを中心に左右にブラシを動かします。詳しくはP.61下を。薄いときは重ねてもOKです。

3 桜色ピンク(b)を顔の中央から①の上下にのせて、**肌となじませます。**

1. BASE MAKE-UP　≫　2. HIGHLIGHT　≫　3. EYE MAKE-UP　≫　**4. CHEEK**　≫　5. LIP

チークの悩みを解消します！

似合う色が
わからない

▼

まずは黄みを持った日本人の肌になじむ、**黄みの入ったコーラル色を選びましょう。**同じ系統と思われがちですが、オレンジは厳禁。コーラルは赤みが含まれているけど、オレンジにあるのは青み。肌の黄みとぶつかってくすむので、日本人に似合いません。白パール入りもNGです。

パウダー以外の
チークは使える？

▼

練りのクリームタイプは私も好きです。赤みの強い色は、練りのほうが自然に仕上がりますし、色を混ぜられるところもいいですよね。私も普段、パウダータイプを2色混ぜて使うなど、骨格に合わせて色を微調整しています。どんなタイプのチークでも、塗り方や位置はP.60で紹介した方法が基本です。

おてもやんに
なってしまいます

▼

量のつけすぎ、広げすぎが原因なので、加減して。チークを含ませたブラシを立て、下まぶたのアイホール（半円状にへこんでいる骨）の先端にチョンと1cm幅くらいのせます。ここを始点にブラシを寝かしつつ、ゆりかごのように左右に揺らしてぼかします。薄すぎたら繰り返してください。

PART 1　MAKE-UP

5. リップ

LIP

他人の視線が集まる口元は清潔感が命

　おしゃべりする唇は、人の注目が集まる場所。異性もつい本能的に見てしまうといわれているし、もともと年齢がとても出やすいパーツです。なので、くすみや縦ジワなどのトラブルが目立たず、唇が明るく、鮮やかになった、"もしかしてリップ塗ってる？"くらいの、プレーンなカラーを選ぶと、大きく笑ったり食事をしたり、どんな動きをしたときも、清潔感のある唇でいられます。最近はリップだけで仕上げる人も多いようですが、大人のナチュラルメイクは、リップブラシを絶対に使いましょう。唇からリップがはみ出すこともなく、それだけで上品さが格段に上がります。きれいな唇の輪郭は、品格そのものなんですよ。

- ベースメイク
- ハイライト
- アイメイク
- チーク
- リップ

1. BASE MAKE-UP >> 2. HIGHLIGHT >> 3. EYE MAKE-UP >> 4. CHEEK >> **5. LIP**

必要なアイテム

ITEM 1　リップスティック

誰にでも似合う、私にとっての究極の一本はサーモンピンク系。自分の口の中の粘膜の色を目安にすると、合うトーンが見つけやすいと思います。肌の質感に合わせるため、パールなしの、クリーミィな質感がベストです。

おすすめカラーはこれ

ITEM 2　リップクリーム

スキンケアの一環として常備し、習慣にしたいのがリップクリーム。唇の中に潤いが浸透する保湿力の高いものを。メイク前に使うので、リップのつき方や発色を邪魔しない、唇の上にテクスチャーが残らないものを。

ITEM 3　リップブラシ

優秀なのは、先端が四角いブラシ。平面も角も使えるので、唇全体に塗りやすいうえ、輪郭のラインがとりやすく、口角などの細部にも便利です。

横幅約5mm　原寸大

リップブラシのメリット

ブラシがあれば、リップを薄くのばしたり重ねて濃くしたりと、一本のリップでいろいろな発色が楽しめます。さらに、手持ちのベージュに赤を少量混ぜて血色感を上げるというようなブレンドも簡単にできるので、いつものリップを新しい色にカスタマイズできますよ。

PART 1　MAKE-UP

塗り方
HOW TO APPLY

(リップ)
LIP

BEFORE ▶ AFTER

1. リップクリームを**マッサージするように**すり込みます。

2. ブラシにリップをとり、上下の唇の輪郭を**外→中央**になぞった後、少量リップを足し、全体を塗りつぶします。

 ▶

3. 唇の口角を結んだ後、下唇の輪郭を口角から**下向きに**1cmほどなぞります。

上品な口元に見せる裏ワザ！

4. 唇を**「んーぱっ」**とすり合わせてなじませます。

 ▶

1. BASE MAKE-UP >> 2. HIGHLIGHT >> 3. EYE MAKE-UP >> 4. CHEEK >> **5. LIP**

リップアイテムの選び方
HOW TO CHOOSE LIP ITEMS

色で選ぶ

ピンク系 ▶ かわいく

ピュアさを出し
フレッシュに

下地やハイライトと同じく、リップのピンクもウブさを出してくれる色。年齢がダウンして、かわいらしく！

ベージュ系 ▶ まとまり感

メイクのトーン
が揃うと品よく

洋服もそうですけど、なにかを際立たせず、ワントーンでまとまり感を出すと、印象がごちゃごちゃせず上品に。

赤系 ▶ ポップ

華やかさが出て
ポップに

顔色を明るく見せる赤系は、華やかさを漂わせる鉄板カラー。指でポンポンとラフに塗れば、カジュアルに。

オレンジ系 ▶ ヘルシー

ポジティブで
元気な印象に

チークのオレンジは厳禁だけど、リップは素の唇の赤みと混ざって血色感が加わるので、イキイキ、ヘルシーに。

質感で選ぶ

ティントやグロスはカジュアル。
30代からは口紅がベスト

グロスにあるテカテカと光沢の強いツヤ感は、若くハリのある肌に似合うもの。発色の淡いティントも同じく、大人の肌にはミスマッチです。最適なのは、発色がよく、ほどよいツヤ感の口紅。30歳を越えると、女優さんにも口紅を使っているんですよ。

PART 1 MAKE-UP

リップの悩みを解消します！

濃いリップが似合わない
▼

濃い色のリップを塗ると、顔全体のバランスが取れず、浮いてしまい「唇おばけ」みたいになってしまうのでは？　という人におすすめなのが、**目の下から唇をつなぐように、縦にチークを入れるテクニック。**ふんわり入れるだけで印象が変わりますよ。

唇のシワが目立つ、くすんでいる
▼

くすみはリップを落としきれていなかったことによる汚れか、血色不良が原因です。**代謝を促進し、血色をアップさせましょう。**実は即効性のある裏ワザがあります。**それは、歯磨き粉を唇に塗ってマッサージすること！**　口に入れるものだから唇にもOK。研磨剤効果で即、明るくなるし、角質オフもできて、潤い浸透力もアップ。シワの原因の保湿力不足も解消です。

唇がガサガサ荒れてしまっている
▼

角質が溜まって潤いの浸透を阻んでいる証拠。唇は粘膜でできているので、肌より代謝スピードが速いです。日々、**こまめにリップクリームをクルクルとマッサージするように**なじませれば、角質の溜まらない、安定した潤った唇になります。

リップがすぐに落ちてしまう
▼

リップは油分が多いので、定着していないと、唇の粘膜の上で動いて落ちやすくなります。**リップを塗った後、一度2つに折ったティッシュを唇で挟み、油分を押さえて定着。**その後、重ね塗りをしてください。

なりたい自分になれる！
とってもシンプル！

2ステップ
テクニック

基本のメイクを、ほんの少し変えるだけ。
難しいテクニックも必要なく、
アイテムも使い回しか、数品足すだけ。
その日のシチュエーションに
合わせて、あるいは気分で、ファッションで。
なりたい顔にあっという間になれる
メイクの本当の力を教えます。

PART 1　MAKE-UP

基本のメイクに
足し引きするだけ

1. 知的

SITUATION
- ☑ オフィス
- ☑ 仕事関係の会食
- ☑ 面接、面談

眉色を変えるだけで、賢く落ちついた印象に

　仕事に集中しているときや、真剣に考え事をしているときって、眉根が寄って、目元に影ができるでしょう？　わかりやすく知的さを出す、その瞬間をイメージし、再現したのがこのメイクです。とはいえ、変えたのは眉だけ！　そもそも、基本のメイクが光と影を意識しているので、肌とのコントラストをちょっと強くするだけで"眉影"が際立って、彫りが深く知性あふれる顔になるんですよ。

テクニック ❶
眉の色をグレーに

グレーの眉ペンシル
影を出しながら、知的さにつながるシャープさも生み出すグレーのペンシル。おすすめはエボニーのもの。

＼追加アイテム／

1 眉の下ラインに沿って**グレーのペンシルで**線を描きます。

基本の描き方（P.52）を参考に

2 スクリューブラシで上向きに細かくとかしてぼかします。

テクニック ❷
さりげなく
目鼻立ちを立たせる

＼使い回しアイテム／

3色アイブロウパウダー
アイシャドウに使ったエレガンスのアイブロウを、本来のパーツメイクに使います。右のベージュを使用。

1 あごをあげ、眉頭の下に見える三角ゾーンに小さなブラシでベージュをのせて、**眉頭の影を際立たせます。**

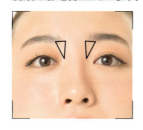

2 眉の下のカーブに沿って同じベージュをのせて、眉色のグレーとなじませます。

PART1 MAKE-UP

2. かわいく

SITUATION
- ☑ デート
- ☑ 合コン、お見合い
- ☑ 同窓会

チークとまぶたのピンクであどけなく

　かわいくするポイントは、ピュアさとあどけなさを感じさせること。なので、"子供のほっぺ"みたいな高揚感のために、頬の中心に塗ったコーラルピンクのチークの発色を濃く。人がかわいいなって思う、嬉しくて喜んでいるような表情も生まれます。まぶたにはウブさを演出する最強ハイライトを黒目の上に。開けた目の上からチラッと光が覗いて瞳がウルッとする感じ、かわいく思わない人なんていません！

テクニック ❶
まぶたに光をオン

使い回しアイテム

桜色のハイライト

顔の骨格に光を集めるために使った薄いピンクを、今度はまぶたの陰影をやわらげ、初々しく見せるという効果のために活用。瞳のウルッと感も演出。

ハイライトを小さなブラシにとってアイホールの**黒目の上**にのせたあと、目頭と目尻に広げます。

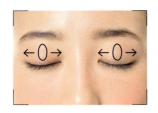

テクニック ❷
チークのコーラルを濃く

使い回しアイテム

2色のピンク系チーク

入れる位置は基本と同じ。いっぱいテクニックを覚えなくても、塗り方を変えれば簡単に印象を変化できるメイクの本領がわかります。

1 基本の塗り方（P.60）で**コーラルピンク→桜色ピンクの順に**チークをのせます。

2 コーラルピンクをなじませたところに、**同じ色を同じ範囲で**、再度重ねます。

3. 上品

SITUATION
- ☑ 彼ママにご挨拶
- ☑ 子供の行事、集まり
- ☑ 夫やパートナーとの食事

質感をチェンジしワントーンで揃え、きちんと感を

　まとまり感を出すと上品に見える、というメイクの法則に則って、ワントーンでまとめたメイクのポイントは2つ。まず、チークの下サイドに入れるベージュ色。チークでフワッと優しさを演出しつつ、重心ができるので、顔がキュッと持ち上がったように引き締まり、きちんと感が出ます。もうひとつは唇。リップをツヤのあるベージュに替えて、頬で出したきちんと感をさらにアップさせましょう。

テクニック ❶
チークに
ベージュの影をプラス

ベージュのチーク
追加アイテム

頬の血色の引き立て役として、さりげない影になってくれます。肌色よりワントーンくらいダークな色みを選んで。

基本のチーク(P.60)を塗った後、顔のサイドに**扇状**に、軽くベージュのチークをのせます。

テクニック ❷
リップの色をベージュに

ベージュのリップ
追加アイテム

もともとの自分の唇のように肌なじみのいいぬくもりベージュ。パールなしで、滑らかなツヤがあるものを。

1
リップをとったブラシで**口角→中央**の順に輪郭を描きます。

2
もう一度、ブラシにリップを少量足し、唇全体を塗りつぶします。

3
口を開けて、上下の**口角を**つなぎます。

PART 1 MAKE-UP

4. 素っぴん風

SITUATION
- ☑ 家でほっこり
- ☑ アウトドア、スポーツ
- ☑ 温泉旅行

眉と頬の抜け感で、リラックスした表情に

　本当の素っぴんをさらすのがリラックスしているときであるように、素っぴん風メイクが似合うのはラフなシチュエーション。なので、眉を埋めずに隙間を残し、チークの位置を下げて頬の立体感をゆるめることで、顔の緊張をほぐしてあげます。リラックス感を損なわないよう、基本のメイクから引き算して、アイラインは省略。唇も保湿のリップクリームだけで終了です。メイクが崩れやすい環境でも安心。

テクニック ❶
眉をブラウンのマスカラだけに

ブラウンの眉マスカラ
肌になじむマロンブラウン系を。ブラシの毛足が長めのものなら、根元からつきます。

追加アイテム

1 眉マスカラを、眉の**毛流れに逆らうように**眉尻から眉頭へ、**根元**に塗ります。

マスカラだけでは物足りない人、毛がない人、薄い人は基本の描き方（P.52）で描いてOKです。

2 眉の**毛流れ通りに**眉頭から眉尻へ**毛先**に塗り、形を整えます。

テクニック ❷
下がりチークに変える

2色のピンク系チーク
ふんわり発色し、ほどよい血色感を添えるコーラルピンクのチークは、肌の透明感を引き出し、素肌そのものをきれいに見せてくれます。

使い回しアイテム

1 チークを入れるのは、ニコッと微笑んだとき高くなるところから**斜め下**。

2 コーラルピンクのチークを含ませたブラシを、**クルクルまわしながら**なじませます。

5. メガネ

フレームの中に入れるチークで影を払う

「アイウエア」といわれるメガネは目を装うもの。人の視線は装われたところに集まるので、フレームの中にかわいくなる要素のチークを入れ込みましょう。メガネをかけると、上から当たる光がフレームに反射し、影を落として目の下が暗くなるのですが、チークで血色感を入れておけば影がカバーできるのでヘルシーな印象になります。頬のポジションが高くなるので、顔全体もキュッと上がって見えますよ！

テクニック ❶
チーク位置を頬骨の上にずらす

2色のピンク系チーク
混ぜて使えばハイライトにもなる桜色ピンクが、目元を下から明るくしてくれるので、クマも目立たなくなります。

1
塗る範囲は、クマができるところから、頬骨まで。

2
コーラルピンクと桜色ピンクを1：1で混ぜて、❶の場所に**内→外**になじませます。

6. おしゃれ

SITUATION
- ☑ 夜遊び
- ☑ 女子会
- ☑ ショッピングなどお出かけ

流行色の濃いリップと眉埋めでモード感を楽しむ

あっという間におしゃれに見える方法は、流行の色をどこか1ヵ所に取り入れること。例えばリップをボルドーにして、フェイスパウダーで押さえてちょっとマットな質感に。唇に目立つ色を持ってきたときは、色がぶつかってメイク感が出てしまうチークは塗らないのがおすすめ。さらに、眉の隙間を深みのある色で埋めて濃くすると、肌とのコントラストが際立って、おしゃれさを後押しするモード感が。

テクニック ❶
眉をしっかり描く

基本の眉の描き方（P.52）の後、**濃いブラウンのパウダーを**小さなブラシにとって、**眉の隙間**を埋め込みます。

3色アイブロウパウダー
中央の濃いブラウンを使用します。基本のメイクで使った眉ペンシルのブラウンとなじみやすく、自然なコントラストがつくれます。

眉頭を埋めると目元がきつく見えるので、そこは隙間があってもいじらないようにしましょう。

使い回しアイテム

追加アイテム

ボルドーのリップ
ちょっとローズのニュアンスがあるボルドーは、深い色ではあるけれど透明感もありなじみやすいので、唇が浮かずバランスよく！

テクニック ❷
リップの色を流行色に

1
リップをとったブラシで**口角→中央の順**に輪郭を描きます。

2
ブラシにリップを少し足し、全体を塗りつぶしたら**口角をつなぎます。**

3
ティッシュを1枚にし唇に当て、フェイスパウダーを含ませた**パフ**で上からポンポン。

7. 華やか

SITUATION
- ☑ パーティ
- ☑ 結婚式に出席
- ☑ イベント

光と色の合わせ技でポジティブな女性像に

　華やかさは、ポジティブな感じの人や内面が充実している人にあるものだと私は捉えているので、そんな前向きさが透けて見えるようなメイクを、光と色の合わせ技で表現します。光のほうは、まぶたに。目が開いているときに見える場所に入れると、まばたきの影響を受けないのでヨレにくく、輝きが続いて一日中華やかなまま。色は唇で。フェイスパウダーで定着させて、自分の唇となじませましょう。

テクニック ❶
アイシャドウにパールをプラス

パールの白いアイシャドウ
目の動きに合わせてキラキラ点滅するようなパール感。色は白だけど白浮きせず、まぶたを明るく見せるものを。

追加アイテム

1 上まぶたの**アイホールのくぼみ部分**がパールを入れる位置です。

2 シャドウをとったブラシで、**目頭→目尻へ**、1の位置にのせます。

テクニック ❷
リップの色を朱赤に

朱赤のリップ
華やかさを演出する代表カラー。ちょこっと黄みが混ざっているほうが肌になじみ、明るくポジティブな表情に見せてくれます。

追加アイテム

1 リップをとったブラシで**口角→中央の順に**輪郭を描きます。

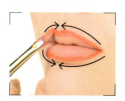

2 ブラシにリップを少し足し、全体を塗りつぶしたら、**口角をつなぎます。**

3 ティッシュを1枚にし唇に当て、フェイスパウダーを含ませた**パフで上からポンポン**。

PART1 MAKE-UP

シンプルなメイク直し

HOW TO TOUCH UP

清潔で澄んだ肌のために足さずに"引く"

　メイク直しの目的は、肌を清潔にすることです。上から足してヨレを直すイメージを持っている人も多いですが、それだと肌に付着した汚れや浮き出た皮脂と、メイクがミルフィーユ状態に。そんな肌でお直し後の時間を過ごすのは、極端にいえば、下着を替えずに洋服を着替えるようなもので、心地いいはずがないんですよ。それに、肌の上に余分なものがあると、せっかく直したメイクの持ちも悪くなります。お直しするときは、不要なものをクリーンにして、清潔にしましょう。手間がかかると思わないでください。シンプルなステップできれいにできるアイデアを紹介しますので！

必要なアイテム

ITEM 1

2色のピンク系チーク+
チークブラシ

チークのお直しは、同じ場所につけ直すだけですので、ブラシも持参していたほうが、フワッとナチュラルに仕上がります。

ITEM 2

フェイスパウダー+
パフ

肌の修整に欠かせません。荷物になるようなら、パウダーを小さな容器に詰め替えて、一緒に小さなパフを持ち歩いて。

ITEM 3

リキッドファンデーション+
スポンジ

ファンデは、肌や目元の汚れ落とし&修整にも活躍しますので、小さな容器に移し替えて、スポンジともども持ち歩きましょう。

ITEM 4

リップスティック+
リップブラシ+クリーム

リップは、ほとんどの人のポーチに入っていると思いますが、お直しの美しさを左右するブラシ、クリームも忘れずに。

ITEM 5

眉ペンシル+
スクリューブラシ

眉を気にしている人は多いので、眉ペンシルはポーチに入っているでしょう。スクリューブラシもセットで持ち歩きを。

ITEM 6

3色アイブロウ
パウダー

アイシャドウの代わりのパウダーは本来の目的の眉のメイク直しにも使えるので便利。ブラシは付属のものでOKです。

ITEM 7

ティッシュペーパー

余分な油分を吸い取るときや、使った後のブラシなどを拭くときに使うティッシュは、メイク直しの必需品です。

ITEM 8

あぶら取り紙

メイク崩れのもとは、油分です。あぶら取り紙でしっかり取ってから直さないと皮脂にメイクを重ねることになりますよ。

ITEM 9

綿棒

肌に付着したメイク汚れを取ったり、ファンデーションをつけて修整に使ったりと、多岐にわたって活躍します。

メイク直し
TOUCH UP

(肌が崩れたとき)

使用アイテム

1 小鼻のわきや頬など、テカリの気になるところにあぶら取り紙をのせます。

あぶら取り紙の上を指のはらで押さえて、ペタッと貼りつけると皮脂がしっかり吸い取れます。

2 なにもつけていないスポンジで、1の肌の上を押さえます。

しっかり押さえて余分な油分を完璧に取った後、肌全体にフェイスパウダーをつけ直すと、整いますよ。

3 メイクが崩れた小鼻などは、**ファンデをつけた綿棒でなぞり、指で軽く押さえ**ならします。上からスポンジで軽くたたいてファンデを定着させます。

油分があるファンデは保湿・補整が一度にできるので、崩れを直しながら肌を整えられます。

 ▶  ▶

目元がヨレた、崩れたとき

使用アイテム

1. なにもつけていない綿棒で汚れを取った後、**ファンデを別の綿棒にとり**、ヨレや崩れの気になるところにつけます。

2. 指のはらで**軽く押さえて**ファンデをなじませます。

3. 必要に応じて、眉、アイシャドウを基本のプロセス(P.52、P.47)通りに直します。

メイク直し
TOUCH UP

(チークが落ちてしまったとき)

使用
アイテム

チークは毛穴に落ちるので
なにも手を加えなくても
基本のプロセス（P.60）通り
に2色を重ねればOKです。

(リップを塗り直すとき)

使用
アイテム

ティッシュで落とし、
基本のプロセス（P.64）通り
にリップクリームから
塗り直しましょう。

メイク道具の手入れ

▶ チーク&ハイライトブラシ

ティッシュを少しずつ折って、ひだを寄せながら指に巻きます。ブラシをティッシュに当て、ひだにひっかけるように左右にこすります。使った日は必ずやりましょう。

▶ アイシャドウ、アイブロウのパレット

パウダーがパレットのまわりに飛び散っていると、チップにくっついてしまったり、別の色のパウダーと混ざって発色がにごります。細く折ったティッシュで拭き取りましょう。

▶ リップブラシ

手の甲にワセリンをとり、ブラシの表と裏を交互にしごいて、中に溜まったリップをかき出します。油分のあるワセリンなら、リップの汚れを落としながらブラシの毛の保湿もできるので、ブラシが長持ちするんです。

▶ リップスティック

唇に触れた面をそのままにしておくと、リップの油分が酸化して雑菌が繁殖しやすくなるので、衛生上NG。使った後は、唇に触れた面を垂直にティッシュに当てて、軽くひとなでする習慣を。

▶ フェイスパウダー用パフ

乾いた状態のパフの真ん中にスポンジクリーナーを5〜6滴垂らし、パフ全体に行き渡るようによく揉み込み、水で洗い流します。その後、よく乾かしてから使いましょう。

▶ ファンデーション用スポンジ

スポンジにスポンジクリーナーを4〜5滴垂らし、染み込んだファンデをかきだすようによく揉み込み、水で洗います。古くなると洗って乾いた後、軽石みたいな感触になるので、硬くなったら替えどきです。

▶ 眉、まつ毛に使うスクリューブラシとコーム

洗顔用の固形ソープに水を垂らし、ブラシ&コームを直接当ててクルクル洗ったら指でこすり、ぬるま湯で洗い流します。ソープは、汚れを落としながらコートもできるオリーブオイル入りがベター。

今すぐ真似したい

連日のハードな撮影、寝不足で顔に疲れが見える

▼

寝不足ということは、本来、睡眠中に行われている代謝ができていない状態ですので、**メイク前にリンパを刺激するマッサージ（P.95）を**。停滞している代謝を一気に促すことができるので、顔色が見違えるように明るく、イキイキするんですよ。

顔に洋服の跡や枕ジワの跡が残っている

▼

老廃物の滞留によるむくみが原因なので、**毒素排出ポイントの脇のリンパと耳わきのリンパをグーッと圧迫、離すを繰り返します。**かなり痛いんですけど、代謝を担う心臓のポンピング機能の代わりができるので、放っておくと消えるまでに1時間はかかる枕ジワなどが急速に消えます。P.97の方法も参考にして。

泣いた演技の後、目が腫れてメイクも崩れてしまった

▼

50度くらいのホットタオルで目を温めます。タオルをクルクルッと丸めて筒状にし、中央の軸のところにお湯を注げば、絞るときの手も熱くありません。これは血流の滞りをなくすのが目的なので、一番手っ取り早いのはお風呂に入ることなんですけどね。

撮影現場でのテクニック

長時間のロケで
メイクが崩れて
肌がテカテカ

▼

こうならないように、**メイク直しをしないですむメイクをしています。**まず、長時間のロケに必勝のスキンケア（P.14〜16）でメイク前の下準備。ファンデは崩れないよう薄く塗り（P.34〜35）、目頭のくぼみなどの細部まで指でフィットさせる（P.35）、など崩れるポイントに先手を打ちます。

スタジオ内の乾燥、
肌の酷使で
赤く、カサカサに

▼

肌がターンオーバーできていない状態なので、肌の生まれ変わりを担う代謝を促進するために、まずは**スロン（P.17）で角質ケアをします。**赤みがひどく、肌が敏感に傾いているときは、最初に使う1剤を置く時間を1分くらいと短くします。

暑いところで汗がダラダラ、
強い日差しで
肌にもダメージが

▼

汗って、**冷却シートを脇に挟むと本当にピタッと止まるんですよ。**体の代謝を操り、体温のコントロールもしてくれるリンパは、デコルテから上だと脇に集まっていますので、暑くてほてった体も落ち着くし、逆に、冬は使い捨てカイロを脇に挟んでおくと、休の中からポカポカ温まります。また、日差しを浴びたときは、ダメージを残さないためにも、化粧水でのスキンケアに時間をかけて、徹底的に保湿します。思い出してください。フライパンでものが焼けるのは、水分を飛ばしてからですよね？　肌も日差しで水分が飛んでから焼けるので、水分をたっぷり含ませておけば日に焼けづらく、ダメージに強い肌になるんです。

20TECHNIQUES
OF
SKIN CARE & MAKE-UP

目からウロコ の スキンケア ＆メイク

お悩み解消 ＆ 個性に変える

20テクニック

仕事柄、年齢を問わず、
多くの女性に触れ、大なり小なり
誰しも悩みを抱えていることは知っています。
だけど、いつも思うんです。
「個性になるのに、もったいない！」と。
悩みは、"強み"です。その真実を
私のテクニックで体感してみてください。

Technique
1
黒ずみ、いちご鼻、開き。
毛穴はあなたが思っているほど、
他人は気にしていません

―――

　そもそも、毛穴がしっかり見えるほど至近距離にいることって、そうそうないと思うんですよね。話をするときも、基本的には目を合わせているはずで、毛穴を見ながらおしゃべりしないですよね？　ただ、毛穴は肌の印象に影響を与えます。放っておいたら重力の影響を受けて、年齢とともに開いてくるので、今からきちんとケアしておきましょう。毛穴を隠すためにベースを塗って重ねて、というのは厚化粧になるだけです。

　毛穴は肌が柔らかいときは目立たないので、潤いをしっかり蓄えられる肌にするのが大前提。ちなみに P.39 でも触れましたが、私は美容クリニックでのレーザー脱毛がいいと思っています。若いころに経験済みなのですが、おかげで毛穴にだけは悩まされたことがないんですよ。

Technique
2

季節の変わり目のゆらぎ、乾燥、肌荒れ。メイクがのらないときはお風呂で**オイルパック**を

　お風呂で最初に洗顔し、濡れた肌にオイルをたっぷりなじませて、そのままバスタイムを続けてください。入浴時は体温が上がるし毛穴も開くので、肌がオイルを吸収しやすくなります。しかも、潤いを逃さないようふたをしてくれることもあって、モチモチと柔らかくなるんです！　水分と油分のバランスも速攻で調整され、自己バリア機能が整うので肌が落ち着きを取り戻し、荒れにくくなりますよ。

　ただし、あくまでこれは応急処置。季節の変わり目に肌トラブルが起きるのは、ホルモンバランスの変化によるもので、本来、環境の変化に順応するよう働いているホルモンが、温度や湿度の環境変化に対応しきれなくなるからです。それでなくても、女性は生理周期があるので"月"という単位でもホルモンバランスが変動し、体調や肌が変わります。もともと肌は毎日、同じではありません。手で触れてコンディションを常に把握するクセをつけて、季節が変わりはじめるな、生理前だなと、肌から気配を読み取り、そのときどきでスペシャルケア（P.17）など、必要なケアを先まわりして行うようにしましょう。

Technique 3

老けて見える、疲れて見える。
どんより、しっくりこない日は
三日月のレフ板

疲れも老けも、すべては顔にできる影のせい。チークの下に三日月形にハイライトを入れて、影を飛ばしましょう。

ハイライトって、高いところに使うものだと思われがちですが、低いところ、暗いところに入れるとレフ板のようになって、肌を明るく見せてくれるんです。たるんだパーツを引き上げる効果があるので、あごや耳下のお肉がゆるんでいるなら、その落ちたところにハイライトを。影が明るくなるとともに顔がキュッと上がって見えます。顔の真ん中以上に明るくなることはあり得ないので、骨格メイクでつくった立体感がぼやけることはありません。ご安心を！

ハイライトの入れ方

P.41のハイライトを、チークの下に。小鼻のわきからほうれい線にかぶせるようにのせると、ほうれい線の影も飛ばせます。

Technique
4
白いニキビができたら
まずはつぶしてしまいなさい

―――

　ニキビの表面に白いものが溜まっていたら、化膿しています。年齢を重ねると代謝が落ちますので、放っておくとなかなか治りませんから自力で追い出しましょう。ただし、膿を出し切らないと、そこにまた膿が溜まるという悪循環を起こす可能性がありますので、適切な圧がかけやすい専用のニキビつぶしキットを用意することをおすすめします。

　まず、付属の針で小さくニキビに穴をあけて、膿の通り道をつくってあげた後、つぶすほうのツールをニキビにのせて一気にキュッと押します。膿、すなわちニキビの芯が出て、2〜3日程度で自然治癒されていきますので、その間、手で触れたりいじったりせず、清潔な状態を維持しましょう。ちなみに、炎症している赤ニキビはつぶすと悪化しますのでやらないように。大きなニキビや症状のひどい人は、いじらず皮膚科へ行きましょう。

ニキビをつぶす専用ツール
ドーナツ形の穴のところを白くなっている芯の部分に当てて、キュッと押してニキビをつぶします。単品でも購入できますが、針もセットになったものが私はおすすめ。アマゾンや東急ハンズなどで購入できますよ。

Technique
5

冷え、寝不足、生理前。コンディションの悪さによる顔のくすみには、**耳をクルクル**

耳をクルクル前後にまわし、耳まわりにあるリンパを流して、滞った血行を巡らせるのがもっとも効果的、かつ手軽です。メイクのベースになる素肌の色がくすんでいると、重ねるメイクの色と混ざってにごり、きれいにはなれませんので、メイク前にしっかり血行をよくしておきましょう。夕方、くすんできたときに行っても効果大です。なにもする気力がないほど疲れているときは、通勤時などに、ナプキンのようにショーツに貼るよもぎ温座パットをつける手も。体の中から巡りが改善し、血色がよくなります。

耳のマッサージ法

手で耳を持ち、左右同時にクルクルと前に3回まわします。

今度は後ろに3回まわします。これを3回ほど繰り返します。

PART 1 MAKE-UP

Technique 6

飲みすぎ、水分の摂りすぎで顔がむくむ。そんなときは**脇をわしづかみ**

溜まっているんだから、出さなくちゃ！ 排出ポイントは、脇のリンパです。手を上げたときにモリッと膨らむところに親指以外の4本の指を当てて、親指で肩と脇の間をつかみ、すべての指にグーッと力を入れたまま、肩甲骨を大きくまわします。腕でまわすのではなく、ひじを軸にしてまわすようにすると、肩甲骨が大きく動きやすくなり、わしづかみしている指がリンパを効果的に刺激します。水分代謝が一気に促され、あっという間にむくみがとれます。

脇の回転法

痛いくらいの強さで脇をつかんで、前方向に3回まわします。

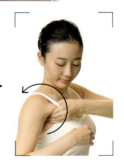

手の強さをキープしたまま、後ろ方向に3回まわします。これを左右それぞれ3セット行います。

Technique
7
メガネの跡、枕ジワ。
年齢とともに取れにくくなる跡には
ホットタオル

———

　ホットタオルを使って血行を促し、スピーディに代謝を上げましょう。実は、こういった"跡"を消すには、首の横の筋肉をゆるめる代謝促進法が一番有効。両手で持ったホットタオルに頭の重みをすべて預け、首の力を抜いた状態で腕を交互に上げ下げしましょう。首がユラユラ左右に揺れて心地いいはずです。もうひとつ、顔の上にホットタオルをのせて目元を指で押さえると、温感＆指圧効果で巡りがよくなりますので、"跡消し"がさらに速く！

> ホットタオルの使い方

1 後頭部の下にタオルを当て、腕を交互に上下にユラユラ動かします。これを5往復行って。

2 ホットタオルを顔にのせ、目の上を押さえて30秒キープ。

PART1 MAKE-UP

ゾンビのような万年グマは あえて隠さず、**ハイライト**で目くらまし

　血行不良によってできるクマは、いわば滞った血管の色が透けている状態。肌の内側から見えているものなので、表面をどうカバーしても結局、重ねた色がにごってしまうんです。むしろ、クマの上はいじらず、目頭の下の三角ゾーンにハイライトを入れて、光の反射でクマを飛ばしたほうが断然、自然に目くらましできます。それでも気になる、というならば、コンシーラーの出番です。塗る位置はハイライトとまったく同じ。クマは目頭下が一番濃くなっているので、そこだけカバーすれば、色のトーンが均一になって、不思議と目立たなくなりますよ。

コンシーラー

コンシーラーは、ファンデーションよりちょっと明るい色を選びましょう。ベースの色となじんでナチュラルに仕上がります。3色入りのものなら、肌色に合わせて混ぜられるので便利です。

ハイライト or コンシーラーの入れ方

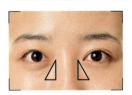

鼻梁を始点にした三角ゾーンがハイライトorコンシーラーを塗る範囲。ハイライトはこの位置にブラシでパウダー（P.41）をのせましょう。

コンシーラーはブラシにとって、鼻梁から下向き→横向き（黒目の手前まで）に線を引きます。

スマホをタッチするくらいの軽い力加減で、三角ゾーンの中に指でなじませます。

Technique 9

目のむくみ、腫れは
時間が解決してくれます。
マッサージをして引くのを待って

　水分代謝の低下で起こるむくみや腫れは、まばたきによって目のまわりの眼輪筋が刺激され、代謝しますので、ほんの数時間で治ります。その数時間を短縮するために、緊張しやすくコリが溜まりがちなおでこのマッサージをしましょう。おでこと目のまわりはリンパでつながっていて、リンパは筋肉の収縮や外からの圧で流されます。指をジグザグに動かすようにおでこをマッサージすると、動きに幅が出て、筋肉にしっかりアプローチできます。目のまわりの巡りが素早くよくなって、目元がすっきりしますよ。

おでこのマッサージ

人差し指、中指、薬指の指のはらを、黒目の延長線上の眉骨の上に置きます。

黒目を引き上げるイメージで、指のはらを使い、上方向にジグザグ動かしていきます。

おでこの生え際まで動かしたら、スタートの位置に戻り、これを3回繰り返します。

Technique 10
ほうれい線、口角、目尻、頰のたるみ、顔の垂れ下がり。
ゆるみには効果大の **3つの合わせ技**

まずは、頭皮マッサージ。本来、たるんだものは上から引き上げるのが効果的ですが、頭頂部にはその働きをする筋肉がないので、代わりをしてくれる後頭部にアプローチします。同時に筋肉が大きく、顔を引き上げる効果が高い側頭筋の地肌を頭蓋骨から引き離すイメージで揉みほぐします。さらに、見た目を即、変えられる、ヘアメイクの力を有効活用。三日月のレフ板（P.93）を入れつつ、顔の筋肉とつながっている髪の内側、3束を取りギュッと結ぶことで、物理的にたるみを吊り上げれば、お悩みすべて解決です！

> 頭皮のマッサージ法

髪の中に手を入れ耳の上の側頭筋に手のひらを当てて後頭部を指で支えます。リズミカルに上下左右、大きく動かし、これを7秒ほど行います。

手に預ける頭の重みを利用して、左右の親指のはらで、後頭部の下にある首のくぼみを押さえます。このまま7秒キープ。

ハイライトで飛ばす

小鼻わきからほうれい線にかぶせるように頬骨下の丸み沿いにハイライト（P.41）を入れます。

髪でリフトアップ

内側の髪の毛をつまみやすいようにブロッキングします。

左右の耳の後ろ、頭頂部からそれぞれ1束、毛束を取ります。

すべての毛束をギュッと引っ張りながら耳の高さで結びます。ブロッキングした髪を戻して隠します。

Technique 11
シミ、ソバカスは 消してはいけません。 むしろナチュラルに**残しましょう**

　シミ、ソバカスはひとつではないですよね？　複数あるものをすべて隠そうとすると、肌の上にファンデとは違う異質感が増えてしまいます。となると、ナチュラルな状態からほど遠くなりますので、どうしても気になる1点だけ、コンシーラーで隠しましょう。気になるということは、目立つということ。その存在感をなくせば、他もごまかすことができます。また、コンシーラーを塗ったところは、極力触らないでください。どうせ上からフェイスパウダーをのせるので、ぼけていなくてもわかりませんから！

1点コンシーラー

リキッドファンデを塗った後、隠したいシミの上だけに、ブラシでポンと軽く置くようにコンシーラーをのせます。

コンシーラーにファンデを少量混ぜて、シミとシミのまわりになじませます。

指のはらで、シミのまわりをトントンと軽くたたいて、肌となじませます。この後、フェイスパウダーをつけます。

コンシーラー
茶色のシミ、ソバカスを消すには、パレットの上段にあるような、オレンジみのある色がベストです。こちらをベースに、シミより明るく、肌より暗くなるよう、他の色を混ぜ合わせましょう。

Technique 12

赤ら顔、地黒など肌色が悩み。
透明感が欲しいなら
下地を**ラベンダー色**に

　顔の赤みも地黒も、黄みのある素肌の色を変えることがポイント。そこで活躍するのが、ラベンダー色の下地です。赤みにも暗い色にも作用するピンクとブルーがミックスされているラベンダー色は、どの色の下地より日本人の肌の黄みにアプローチする効果が優れていて、肌を白く見せて、透明感をつくりだしてくれるスペシャルカラー。スキントーン全体のイメージが向上するので、赤ら顔や地黒も簡単に気にならなくなります。私が大好きなアイテムは、RMKのベーシック コントロールカラー 02。すごくナチュラルに肌のきれいを底上げしてくれる、これ以上のものはない！と思っている、なくてはならないメイクの必需品です。もし、うっかり日焼けをしてしまって色ムラができたときも、ラベンダー色の下地で透明感を出すと、落ち着いて見えますよ。

PART 1　MAKE-UP

ラベンダー色の下地
肌がテラテラ光ると純粋なカラーコントロール効果が発揮されませんので、パールが入っていないものでムラなくなじむ、水々しくのびやすいテクスチャーを選びましょう。

Technique 13
頬骨の出っ張りが気になる人は**直線ハイライト**

　鋭角なものは、鈍角に見せれば目立たなくなりますので、基本のメイクで使った桜色のハイライト（P.41）を、出っ張っている頬骨の高いところから横一直線に入れて、シャープになっている頬の中心までのカーブをまろやかにします。その際、輪郭側から内側に入れると、光を起こすレフ板効果で、ツンと高く突き出ている部分が飛んで、いっそうまろやかに。年齢を上げて見せる出っ張りが目立たなくなるので、見た目がフレッシュになりますよ。

　　　　　　　ハイライトの入れ方

頬骨の出っ張りの上にかぶせるように入れます。

ハイライトをとったブラシで外側→内側に横一直線に。

Technique 14
大きな顔を小さく見せたい人、えらが張っている人には
かもめシェーディング

なぜ、"かもめ形"かというと、効かせたいところにしっかり影が入るから。えらも顔のボリュームも、シェーディングで自然に引き締めることができるんです。スタートは、おでこのサイド。そこから、こめかみ、もみあげを通って、頬骨の下に入れたら、そのまま耳の下へブラシを運び、あご下までなじませます。顔の輪郭に塗るときは、髪と肌の境目にのせるのが自然に陰影をつけるコツ。顔についてしまったお肉も、"かもめ形"でごまかせます。

シェーディングの入れ方

ブラシにシェーディングを軽く含ませ、おでこの横と頬骨の下、あご下を、かもめ形でつないだ位置にごく軽くのせます。くれぐれもつけすぎには注意して。

シェーディング

肌よりワントーン程度ダークなベージュブラウンで、パウダーの粉体が柔らかい、パールレスタイプが、肌になじんでナチュラルに仕上がります。赤みのある色は肌浮きするので、避けましょう。

Technique 15
メイクが古く見える、
年齢とともに似合う色がわからない人は
プチプラを卒業しましょう

　考え方は、洋服と一緒なんですよね。若い頃は全身プチプラでもかわいいし、むしろそれが若さを際立たせたりするけれど、大人が全身プチプラだと正直、洗練されているようには見えないと思いませんか？　着るにしても、例えば靴やバッグは上質なものを合わせたり、ハイ＆ローをミックスすることが多いはず。そうやって洋服は年齢とともに更新していくのに、メイクだけ若い頃の感覚でいつまでも更新できていないと、顔との違和感が出る。それが古臭さにつながってしまうんです。そもそも、プチプラのカジュアルなラメや質感は、ピチピチとハリのある若い肌に似合うもの。皮膚がゆるんでいる大人の肌は、その質感に負けてしまうんですよね。マスカラ、眉ペンシル、アイラインなどで使う黒や茶は陰影をつける不変のものなのでプチプラでもOKですが、ベースメイクやカラーメイクはプチプラを卒業して、クラス感を上げましょう。

Technique 16

鼻が低い、のっぺりしている……。
目鼻立ち美人を目指すなら、
劇的効果の**眉影＆鼻輪ライン**

立体感を強調し、美人に見せるふたつのポイントを攻めます。眉影は、エレガンスのアイブロウパウダー（P.45）の左端・薄いブラウンを、眉頭下から目頭までに見える三角ゾーンに。眉と目の間を詰めるこのテクニックで、上まぶたの幅が狭く見えて、外国人風の陰影が。鼻筋はつくれても高さはいじれないと諦めていた鼻だって、左右の鼻の穴の境目に眉ペンシル（P.45）で影をつければ、奥行きが出て、キュッと高く。誰もが「ここに入れて大丈夫？」と心配しますが、驚きの効果が！　低い鼻が2秒で解決です。

眉影

あごを少しあげたとき、眉頭の下に見える、三角形のへこみにのせます。

薄いブラウンを小さなブラシにとり眉頭の下→外へなじませます。

鼻輪ライン

鼻の穴をつなぐよう、鼻先のつけ根を眉ペンシルでなぞります。

左右の穴が結ばれて"牛の鼻輪"みたいになっていればOKです。

描いたラインの端っこを、鼻の穴にとけ込ませるよう小指でぼかします。

Technique 17
垂れてきたまぶた、タレ目に
すっきりライン&
はっきりラインを追加

　まぶたの下垂は加齢によるところが大きく、もう上下にはぱっちり開かないので、縦幅ではなく横幅にアプローチ。基本のアイライン（P.48）に、目尻の手前で浮かせるすっきりラインを足せば、目の錯覚効果でリフトアップして見えます。浮かせても近くにまつ毛があるので不自然にならないからご安心を。一方、まぶたが垂れていない、元からタレ目の人は、下まぶたの目尻の下にラインを足すはっきりラインで切れ長に。目の印象が深まって、目そのものの存在感も増します。

加齢にすっきりライン

まぶたを持ち上げ、リキッドアイライナーで目尻より3mm手前から、横一直線にラインを入れます。

目尻のきわから少しだけラインが浮いた状態になり、まぶたが上がって見えます。

タレ目にはっきりライン

あごを軽く上げたときに見える、下まぶたの目尻のきわにラインを入れます。

黒目の端から描きはじめ、上まぶたのラインにぶつかるところまで入れましょう。

Technique 18

一重さん、奥二重さんが
目を大きく見せるには
かまぼこライン

撮影でいろいろ検証した結果、一重や奥二重は黒のリキッドアイライナーで、中央に高さが出るかまぼこ形のラインを加えると、本当に目が大きくなります！ 目のきわに入れるだけだと目を開けたとき、まぶたがかぶって隠れてしまいますよね。この方法なら黒目の上に縦に高さが出るので、突っ張り棒のようにまぶたを下から押し上げることができるんです！ 黒目のボリュームが大きくなるので、黒目がちなかわいさが出るし、目が小動物のように丸く見える効果で若々しくもなりますよ。

(かまぼこラインの描き方)

P.48の基本のアイラインに重ねるように、黒目の上だけに1mm幅、盛ります。

かまぼこ形になっていれば、目を開けたときにも、アイラインの効果が発揮されます。

PART 1 MAKE-UP

Technique 19
見た目の印象を操る
チーク位置の魔法

　チークの素晴らしさは、同じ色でも入れ方次第で印象が変わること。下の写真も、すべて基本メイクのチーク（P.59）を使っていますが、ずいぶん顔の雰囲気が変わっているでしょう？　チークは重心を低めにするとかわいくなるので、キュートな印象は小鼻のわきくらいから卵形に（①）。逆に、大人っぽさは重心を高くして、頰骨の高いところから扇形に広げています（③）。ヘルシーはその中間くらい。左右の小鼻のくぼみをつなげるよう横長に入れて（②）。

同じ色も入れ方でこんなに変わる！

①キュート

②ヘルシー

③大人っぽい

Technique 20
唇をふっくら見せたいなら
上唇のハイライトでボリュームアップ

これはもう、定番のボリュームアップ方法。唇の中でも高さのある上唇の山にハイライトで光を集めると立体感が出て、フワッとふくらんだように見えるわけですね。ただ、それ以外にもメリットが。唇が豊かになることで若さや、多幸感も出るんです！　幸せそうな人のそばに人は集まるものですから、唇が薄くなくてもやる価値がありますよ。使うものはアイシャドウでもハイライトでもいいです。ベージュピンクっぽい色の微細パール入りパウダーで、シルキーに唇になじむものを、リップメイクの仕上げにプラスして。

> ハイライトの入れ方

小さなブラシで上唇の山の、唇と肌の境界線をなぞるようにハイライトを入れます。

唇のハイライトにおすすめのカラーは、まばゆいくらいのキラキラで、かつ透明感のある発色をするもの。

愛用のアイテム&ブランド

メイク編

浮気は一切なし！　ナチュラルメイクの要

ナチュラルメイクでかわいさを出すチークは、**RMKのパウダーチークのコーラルピンク**に限ります。これほど雰囲気を変えてくれる色、質感はありません！　その点ではシェーディングパウダー、**M・A・Cのプロ ロングウェアのベイビー ドントゴー**も素晴らしく、塗ったところの肌色がちゃんと沈むのになじみ、メリハリが。目元では、アイライナーは筆の細さとしなり具合が完璧な**カネボウのケイト**。黒のバリエーションが豊富で、ごくごく自然に仕上げたいときは薄墨系、はっきり際立たせたいときはハイブラックと、同じテクニックでも色みを変えれば見せ方が変わるので、すごく優秀です。マスカラは**エレガンスのスマートラッシュ**。根元から毛先に向かってシェイプされていく、一番きれいなまつ毛がつくれます。眉ペンシルは、**コーセーのファシオ**がいいです。描きやすく、色も日本人にぴったり。リキッドはパウダーがセットで、使い勝手も文句なし！　アイシャドウにキラキラを重ねたいときは、**RMK**。パールのニュアンスが絶妙なので、唇にボリュームを出したいときのハイライトにも使っています。唇の荒れがひどいときは**シスレーのリップバーム**をたっぷり塗って、パックをします。ダメージに対する修復力が高く「んーぱっ」と離したとき、上下の唇が少しくっつくまで保湿すると、リップなしでもいけるくらいピュアな血色唇がつくれるんですよ！　最後にパフ。**資生堂**のものは毛足が長く、パウダーをたっぷり含んでふんわりつくのでおすすめです。

PART 2

HAIR
ヘア

髪は女性にとって生命線ともいえるもの。
大人になると頭部の筋肉は落ちてきますし、
髪の質感もネガティブに変わってきます。
頭皮と髪、それぞれに適したケアをしっかり行いましょう。

ヘアは髪の毛と頭皮それぞれ分けて考えよう

HAIR

髪の毛

とにかくキューティクルを開かせない"髪のケア"をすることが重要です。髪の内部に潤いを入れ込み、毛先まで指通りの滑らかな、素髪でいられる美髪を目指しましょう。

髪には髪の、頭皮には頭皮の欲しいものがある

多くの人は髪のケアには関心があるけれど、頭皮のケアはおこたりがち。ですが、頭皮と髪の毛は、欲するものが違いますので、一緒ではなく別のものとして考えましょう。髪だけ洗っていると、頭皮はなにもお手入れできていないことになります。それぞれになにが必要なのか、ケアの仕方を正しく知りましょう。

考え方としては、スキンケアとヘアケアです。まず地肌ともいわれる頭皮は、顔の肌と同じくスキンケア

SCALP

頭皮

頭皮に力がないと髪の毛が抜けてしまうので、環境を整えることを第一に、角質を残さないように洗う、保湿するという"スキンケア"で、地肌の細胞一個一個をふっくらさせて。

をする意識で。乾燥していると毛穴がせりあがってきてしまうので、髪が抜けやすくなったり皮脂や汚れが蓄積しやすくなります。シャンプーで毛穴の中の汚れをしっかり落として、スペシャルケアで潤いを補給し、浸透させましょう。ヘアケアは、素髪でいられることを目標に、毛先までスーッと指が通る髪に改善を。指通りがよい＝キューティクルが整っている証拠。バランスのいい状態であり、それこそが美しい素の髪なんです。

1. ヘアケアアイテムの選び方

BASIC ITEMS

シャンプー
SHAMPOO

効果と価格が比例する
シャンプーには投資を

　オーガニック、石けん系、アミノ酸系……。シャンプーには、いろいろなタイプがあります。泡立ちや香り、洗浄力に優しさなど、こだわるポイントも人それぞれなので、一体、なにが自分に合っているのだろう!?と、困っている人も多いはず。基本的に自分の好みで選んでOKですが、1点だけ、断言します。価格と効果はイコールです。シャンプーは、頭皮を洗う"スキンケア"。投資してください。とくに成分面で信頼のおける、サロンブランドの製品を私はおすすめします。

1. BASIC ITEMS >> 2. DAILY CARE >> 3. SCALP MASSAGE

コンディショナー
CONDITIONER

トリートメント
TREATMENT

優先すべきは、髪の内外をケアするコンディショナー

　トリートメント、リンス、コンディショナーの違い、皆さんご存知ですか？　似ているようで、この3点はそれぞれ効果が違います。まず、髪の内部を修復するのがトリートメント。修復成分の流出を逃がさないよう、キューティクル＝髪の表面に働きかけるのがリンス。そして、その両方の役割を果たすのがコンディショナーです。毎日のケアには、髪の中も外も一点でケアできる保湿・保水性のあるコンディショナーがあれば十分。トリートメントは毛先のダメージやハリ低下など悩み対応用のスペシャルケアとして週に1〜2回。リンスは、はっきりいって必要ありません。トリートメントをする日も、コンディショナーがあればいいですからね。

PART 2　HAIR

ブラシ
HAIR BRUSH

コーム
COMB

よいツールなら、とかしながら髪の質まで変える

　髪に摩擦が起きるとキューティクルが散らばってしまうので、ブラシはなるべく静電気を起こさないよう、動物毛か、ナイロンと動物毛の混合に。メイソンピアソンなら最高です。コームは、100円均一でもOK。理想は、粗歯と密歯が半々になったもの。粗歯でシャンプー前の髪をとかし、トリートメント中に密歯でコーミングすると、髪の中までしっかり成分を浸透させることができます。

リピートしている愛用のスタイリング剤

カネボウのサラのミストは、ヘアアイロンで作るカールを一番出したい形に。花王のケープ ヘアスプレーは、キープ力があるのに何度でも手ぐしを通せるのが優秀。ツヤと毛束感が出るミルボンのジェミールフラン グロスは、立体感のある髪に仕上がります。

1. BASIC ITEMS　>> 2. DAILY CARE　>> 3. SCALP MASSAGE

ドライヤー
HAIR DRIER

ヘアアイロン
HAIR IRON

熱を加えるアイテムは、髪を傷めないものを

　熱に触れている時間が長いほど髪は傷みやすくなりますので、とくに直接髪に当てるヘアアイロンは、温度調整できるNobbyがベスト。高温にできるので、しっかり巻きたいところは素早くスタイリングできるし、軽いので使い勝手も抜群です。ドライヤーも、髪へのダメージが少ないものを。髪質に困っているなら、使うほど髪質が改善されるヘアビューザーにも注目です。

2. 毎日のヘアケア

DAILY CARE

朝でも夜でもかまいませんので、汚れや皮脂などが付着する髪と頭皮は毎日洗いましょう。また、濡れたままにしておくと雑巾より雑菌が繁殖しますので、入浴後はしっかりドライを。

予洗い
PRE-WASH

十分に濡らさずにシャンプーをつけると髪が摩擦で傷ついてしまうので、予洗いはとにかくしっかり。1分以上の時間をかけて全体を濡らし、頭皮の皮脂や汚れも落としましょう。

41〜42度くらいの少し高めの温度のお湯で、頭皮を中心にしっかり濡らします。

髪の根元を指でざっくり持ちあげながら、頭皮を中心にシャワーで濡らします。頭頂部にかけるときは、熱めのシャワーが顔にかからないようやや上向きで。耳の後ろや襟足、すみずみまで忘れずに。

1. BASIC ITEMS >> **2. DAILY CARE** >> 3. SCALP MASSAGE

シャンプー
SHAMPOO

髪の毛に邪魔されて、頭皮に指が行き届いていないと角質が溜まります。髪の間から指を入れ5本の指のはらでしっかり頭皮に触れながら、皮脂と毛穴の汚れを落としましょう。

1 耳の後ろ、首の後ろから頭皮を洗います。

シャンプーを手のひらにとり、耳の後ろにのせて、頭皮をしごくよう泡立てます。

2 後頭部から頭頂部の頭皮を洗います。

1のあと、後頭部を洗いながら頭皮をすりあげるように頭頂部へ指をずらします。

3 頭皮全体、そして髪の毛を洗います。

頭皮の毛穴をまんべんなく触れるように洗ったら、髪の毛をもみ洗いします。

4 まず頭皮から泡を落とし、その後、髪をすすぎます。

シャンプー剤が顔につかないよう上を向いて、じっくり時間をかけてすすいで。

PART 2 HAIR

コンディショナー
CONDITIONER

大事なのは、とにかく成分を髪の中に入れ込むこと。髪の内部すみずみまで栄養を届けるために、手の圧と熱をかけてよく揉み込み、コンディショナーの成分を浸透させます。

1 髪の水分をギュギュッとしぼります。

余分な水分を取っておくと、髪の中にコンディショナーの成分が入りやすく。

2 コンディショナーを髪になじませ、**毛先から中間までにぎって揉み込みます。**

 ▶  ▶

両手にたっぷりコンディショナーをとってなじませて。

3 毛先から順に全体を**コームでとかします。**

 ▶  ▶

髪に負担をかけないよう、先に毛先のからまりをとってから全体をとかして。

4 よく洗い流します。

髪がペタッとする一因になるので、ヌルヌル感が完璧になくなるまですすぎます。

1. BASIC ITEMS >> **2. DAILY CARE** >> 3. SCALP MASSAGE

ドライ
DRY

自然乾燥はキューティクルが開くのでNG。タオルで水気を取ったら、ドライヤーの温風を髪の根元から下向きに送ってキューティクルを整え、整った形を冷風で引き締めるのが鉄則です。

(**タオルドライ**)
TOWEL DRY

1 髪の毛全体を**タオルで覆い、毛先までしぼります。**

タオルを耳にかけて、タオルで覆った髪を片側に寄せて、ねじって脱水します。

2 タオルで**頭皮と髪の根元の水分**を吸い取ります。

タオルの上から、頭皮に触れるように指のはらで押さえて、さらに水分をオフ。

PART 2 **HAIR**

ドライ
DRY

(ドライヤー)
HAIR DRIER

1 右から左、左から右と**手で髪をかきあげながら**、
ドライヤーの温風を根元中心に当てて、**8割**ほど乾かします。

この乾かし方で髪の生えグセを矯正し、毛先のハネをおさえることができます。

2 髪の内側から**手ぐしで髪をゆらしながら**、
根元から毛先へ温風を送って、
キューティクルを整えます。

ドライヤーは、熱が強く当たりすぎないよう、髪から20cmくらい離しましょう。

1. BASIC ITEMS >> **2. DAILY CARE** >> 3. SCALP MASSAGE

3 髪の表面から手ぐしを入れて、
まだ濡れている、**指の通りが悪いところに集中的に**
温風を送ります。

髪は乾く途中が一番からみやすい状態。それを無理に引っ張ると切れ毛などの原因になります。

4 親指と人差し指、中指で顔のサイドの毛束を挟み、
上から温風を当てて、**切れ毛を髪の中に入れ込み、**
髪表面をツルツルにします。

髪を中途半端に引っ張ると整えた形がゴムのように戻り、乱れるので気をつけて。

ドライ
DRY

5 温風10秒→冷風10秒の順に、頭頂部から髪の表面に風を当てて、**髪を引き締めます。**

冷風によって、髪の主成分であるタンパク質を引き締めることができます。

週1〜2回のスペシャルケア

頭皮のスキンケアのために、トニックなどのヘアケア剤で、栄養を与えてあげましょう。毛先のダメージなど、気になる悩みに特化したヘアトリートメントでの集中ケアも習慣に（製品についてはP.152、P.154へ）。

1. BASIC ITEMS >> 2. DAILY CARE >> **3. SCALP MASSAGE**

3. 頭皮マッサージ

SCALP MASSAGE

**マッサージでコリをほぐし、滞った頭皮の血流を促進すると、
細胞が元気になるので、髪を育む頭皮環境が整います。抜け毛や薄毛、
細毛などが予防でき、髪の発育もよく！**

1 耳の上の髪の中に指を開いて入れ、**手のひらを頭皮に密着**させます。
前方向に3回、後ろ方向に3回、手のひらを回転させながら
頭皮をクルクル動かします。これを3回繰り返します。

髪の中に指を入れて手全体で頭皮をしっかりゆらしましょう。血管が集まっている側頭筋がほぐれてコリ解消。

頭皮マッサージ
SCALP MASSAGE

2 こめかみ上あたりの髪の中に、指を開いて入れ込み、頭皮を手全体で押さえます。**指が動かないよう固定したまま、**ギューッと持ち上げ、7秒キープします。

3 首の後ろで指を組んで、親指を首筋に置きます。**そのまま頭をグーッと後ろに倒し、**頭の重さを預けるように力を抜き、7秒キープします。

親指の刺激で血流がよくなる"首枕"。頭は限界まで後ろに倒すとより効果的。

1. BASIC ITEMS >> 2. DAILY CARE >> **3. SCALP MASSAGE**

4 側頭部の髪の中に指を開いて入れ込み、
手のひらを押し当てて、**頭皮をギューッと頭頂部に集めたら、**
7秒キープします。

 ▶

髪の中に入れた指でしっかり頭皮を押さえて、指を固定したまま、限界まで頭頂部に集めます。

5 おでこの上と後頭部の髪の中に指を開いて入れ込み、
頭皮に手のひらを密着させ、
前後の手をくっつけるようにギューッと上に寄せて7秒キープ。

頭皮から指が離れないよう、しっかり固定し、頭蓋骨から頭皮を引きはがすようなイメージで。

5 TECHNIQUES TO CHANGE STYLE

自然なイメチェンが素敵！

アカ抜けて見える
簡単シンプルテクニック

1. 高さを変える　≫ P.132 へ
2. 分け目を変える　≫ P.140 へ
3. 巻き方を変える　≫ P.142 へ
4. カラーを変える　≫ P.146 へ
5. 前髪を変える　≫ P.148 へ

イメチェンは髪でするのが正解!
不器用でもできる、ちょっとしたコツ

　ヘアでイメチェンするメリットは、自然で人に驚かれない仕上がりになること。メイクはテクニックや色で自分でもガラッとイメチェンできるだけに、「変わったね!」と、いい意味でも悪い意味でも驚かれることが。けれどセルフのヘアアレンジは、自分でできるものが日常的にちょうどいいイメチェンレベルになって「あれ、いつもとちょっと違うね」くらい、ナチュラルに素敵に変われるんです。

　毎日の洋服や季節に合わせてヘアを変えることは、ささやかだけどとてもセンスよく見えることにつながってきます。例えば、ヘアゴムに頼るのも手。ベーシックな3色を揃えておくと、自然になじませたいときは黒、赤はチャームに、最も髪と離れた色でコントラストがつく白はモダンに、と結ぶだけでもイメチェンできるんですよ。

おすすめのゴム色

巻き髪もカールのつけ方次第で印象が変化!

結ぶ高さを変えれば、顔の見え方まで一変。

1. 高さを変える

シンプルなポニーテールも高さを変えるだけで、
シチュエーションに合わせたイメチェンができます。

SITUATION
- ☑ スポーツ、アウトドア
- ☑ カジュアルなパーティ
- ☑ 子供と遊ぶとき

HIGH ポニーテール／ハイポジション

リフトアップ効果でアクティブに若々しく

　結ぶ位置は、頭頂部の少し下あたり。かなり高いところにポジションをとるので、髪、地肌と一緒に顔がキューッと引っ張られて、見事にリフトアップされます。目尻もちょっと上向きになるので、顔全体の印象が、若くイキイキ見えるんです。インパクトが強い髪型なので、シンプルなワンピースやシャツのように、すっきりした素材、デザインの服に合わせると、とてもモダンな印象になりますよ。

SIDE

How to ハイポジションの ポニーテールの結び方

1 髪の内側と外側を **水で軽く湿らせます。**

2 **下を向いて、**頭頂部に向かってブラシで髪を集めます。

髪が集めやすくなるよう下を向いて。後頭部は毛流れと逆らうようにとかして、髪のボリュームをおさえます。

3 **正面を向いて**髪を集めて整え、ゴムで**ギュッと結びます。**

 ▶

前頭部と横の髪を毛束に集めるようにとかし、毛流れをタイトに整えて。

毛束を割ってしっかり固定します。

PART 2 HAIR

SITUATION
☑ 仕事、会食
☑ 保護者会
☑ デート、お見合い

MEDIUM ポニーテール／ミディアムポジション
ラフなふんわり感がかわいいベーシック結び

　手ぐしでまとめるラフさと、ふんわりの盛り感がかわいい、一番好感度の高いベーシックなまとめ髪。オンオフ、シチュエーションや服を選ばず誰にでも似合うのですが、首まわりを露出したときの顔の大きさが気になる人は、両側のこめかみの髪の生え際から細く1束、後れ毛をとり、顔のサイドに垂らしましょう。顔の中に一番効果的に入り込むこの髪が、錯覚で顔の輪郭をごまかし、小顔に見えますよ。

SIDE

How to
ミディアムポジションの ポニーテールの結び方

1 手ぐしでざっくり髪を集めます。

ストレートだとシンプルさが際立ちストイックなイメージ。カールをつけるとニュアンスが出てかわいく。

2 耳の高さでまとめて、ゴムで**ギュッと**結びます。

この位置が、誰にでも似合う黄金ポジション。髪がゆるんでこないよう、仕上げに毛束をしっかり割って。

3 結び目を手で持ち、頭頂部の毛束を指で引き出します。

頭頂部から1束、その向わきからそれぞれ1束ずつ、合計3束引き出し、ラフな盛り感をつくります。

PART 2 HAIR

SITUATION
- ☑ ホームパーティ
- ☑ 休日のリラックスタイム
- ☑ ショッピング

LOW ポニーテール／ローポジション
リラックス感のあるゆる結びでセンスアップ

　ゆるくリラックスした雰囲気を漂わせるローポジションは、実はセンスのよさを感じさせるおしゃれ上級者の結び位置。その秘密は襟足にあります。女性らしさが出やすい襟足が隠れるように隙間なく結び、後れ毛を見せないところが、ストイックでむしろ女で勝負していない感じになり、おしゃれさ、センスのよさに通じるんです。デニムやニットなど、ラフな服に合わせると、より素敵に！

SIDE

How to
ローポジションの ポニーテールの結び方

1 襟足に向かって、手ぐしで髪を**ざっくり**集めます。

親指で顔のまわりの髪をひろうイメージで、できるだけゆる〜く髪を集めるようにしましょう。

2 襟足ギリギリで結び、下に引きながら毛束を割って**ギュッとタイト**に。

 ▶

3 結び目から1束、髪を引き出し後頭部をふくらませます。

 ▶

結び目がずれないよう片手で押さえておき、耳の高さの延長線上が一番高くなるようふくらみをつけて。

PART 2 HAIR

おだんごヘアの場合

HIGH
ハイポジション
潔くおしゃれに

大胆に顔を出すことで、潔さが生まれハッとした印象に。高い位置で結ぶ髪型特有の効果で、顔がリフトアップするので若々しいかわいさも。ボリュームのある服に。

BACK

MEDIUM
ミディアムポジション
キリリと知的に

この位置でおだんごにすると正面からは結んだ髪が見えないだけに、すっきりとした知的な印象に。きちんとした人に見えるので、オフィシャルな場面にぴったり。

BACK

LOW
ローポジション
ほっこり癒やしムード

他のポジションでおだんごにするよりゆるさが出るので、ポニーテールと同じくリラックス感が生まれます。インパクトが強くないスタイルなので、ピュアな雰囲気も。

BACK

How to おだんごヘアのつくり方

1 好みの位置でポニーテールにした髪を、**ゆるく三つ編み**にし、毛先をゴムで結びます。

2 三つ編みにした毛束を、**髪の結び目に**グルグル巻きつけます。

最後の1周は髪の結び目に巻きつけて、根元に"くびれ"をつくると、おだんごが立体的になります。

3 おだんごがくずれないよう**上からゴムを巻きつけます。**

ゴムはおだんごの根元に巻きつけます。その際、毛先をおだんごの中に入れ込んで、外から見えないようにしましょう。

PART 2 HAIR

2. 分け目を変える

ただ分け目を変えるだけでも印象に変化が。髪の動きがポイントなので、ロングより、ショートやボブなど髪の短い人におすすめのイメチェン方法です。

1 左分け [6:4]

つむじと同じ向きで分けると、大人っぽく

ベーシックな分け目がここ。自然な立ち上がりの根元からすとんと髪が降りてくるので、髪全体にまとまり感が出て、きちんとした大人の女性のイメージになります。

▼ 8:2にすると

斜め前に降りてくる髪によって、女っぽく

目元を髪がかするようになることで、女らしく、大人っぽく。つむじから斜め前に髪が降りてくるので奥行き感が出る上、サイドの髪に短い毛先がかかってフォルムに立体感が。

2 右分け [6:4]

立ち上がる分け目でラフでナチュラルに

つむじと逆に分け目をとると、放っておいても根元が立ち上がり、髪の間に空気をはらんだようになるのでラフさが生まれ、ナチュラルに見えます。ルーズにしたいときに最適。

▼ 8:2にすると

ランダムになるサイドの毛先によって軽やかに

ここで分けると、分け目からくる髪の毛先によって、サイドの髪に微妙に長短が出るので、フワッと軽さのある雰囲気になります。髪量が少なくなりペシャッとなる人にも。

3 センター分け

顔に軸ができるので
強く、意志のある印象に

真ん中に軸をつくると、そこにポイントができるので意志の強そうな顔になります。反面、左右同じボリュームの髪が顔まわりを包み込むことで、清楚にも見えるんです。

4 アップ

縦の長さが生まれて
顔がすっきり

頭頂部付近に高さが出ると、顔に縦幅が出てすっきり見えます。アレンジするときは、黒目の延長線上に"馬蹄形"に髪をとるとボリューム、高さともバランスよくなりますよ。

つむじと分け目の関係

つむじはサロンなどで自分の巻いている方向を確認してもらって。
モデルのつむじは左巻きです。

つむじが左巻き

左側に分け目をとると、髪の立ち上がりが低くなり、右側に分け目をとると根元がふんわりアップ。

つむじが右巻き

右側に分け目をとると、髪のボリュームをおさえた仕上りに、左側だと反対にボリューム感がアップ。

3. 巻き方を変える

毛先か全体か、巻き方を変えるだけで
シチュエーションに合った華やかさを演出できます。

SITUATION
- ☑ デート、合コン
- ☑ カジュアルな食事会
- ☑ 仕事

LOOSE ちょこっと巻き
かわいくなりたいなら、毛先を揺らす

　最小の時間で、最大の効果をもたらしてくれるのが、毛先ちょこっと巻き。例えるならば振り子のように、躍動的で軽やかな揺れ感が出て、かわいくイキイキとしたイメージに変身できます。毛先しか巻かないので、毛が短いボブやミディアムレングスにもぴったり。寝グセがついたときも、毛先だけちょこっと巻きを加えてクセを生かせば、直しをするより手軽にかわいくなりますよ。

(How to) ちょこっと巻きの巻き方

1 キープ効果のある
スタイリング剤を毛先に
まんべんなくつけて
左右2つに分けます。

2 2つに分けた髪を
さらに**前後に分けて、**
それぞれ**毛先**をヘア
アイロンで**1.5回転**ほど
内に巻き、3秒キープ。

3 **前髪の毛先を1.5回転**
内巻きにし、3秒キープ。

4 内側から手で
縦に割くようにほぐします。

PART 2 HAIR

SITUATION
☑ 入学式、卒園式などの行事
☑ フォーマルなディナー
☑ パーティ

TIGHT しっかり巻き

女らしさを盛りあげたい華のあるふわふわカール

しっかり巻くといっても"見えるところ、手で持てるところを巻くだけ"と、考え方はいたってシンプル。ポイントは、頭頂部付近の髪を後ろから前に、3ブロックほどずらして巻くこと。そうすれば髪の長さの違いによって自然な段差が出て、仕上がりに動きも立体感も生まれます。しかも、毛先がなじむのでナチュラル。時間も数分ほどでできるので、気軽に華やかなウエーブを楽しんで。

しっかり巻きの巻き方 *How to*

1 キープ効果のある
スタイリング剤を髪に
まんべんなくつけます。

2 頭頂部の後ろの髪をとり、
前に持ってきて、**毛先から
根元まで**内巻きにし、3秒キープ。

 ▶

3 頭頂部の髪をとり、
前に持ってきて、**毛先から根元まで**
内巻きにし、3秒キープ。

 ▶

4 前頭部の髪を前髪の生え際に
集めて、**毛先から根元まで**
内巻きにし、3秒キープ。

 ▶

5 顔まわりの髪を、毛先から
髪の中間まで**斜めに**内巻きにし、
3秒キープ。

 ▶

6 内側から手で**縦に割く**ように
3回ほどほぐした後、
後ろにかきあげます。

 ▶

4. カラーを変える

ファッションはもちろん、白髪対策で染める人もカラーリングで脱マンネリ。
それぞれの色の効果や目的を知れば、ただイメージだけで選ぶよりも素敵に！

A ブラック
BLACK

**顔をはっきり、シャープに見せ
小顔&モードに**

どの髪の色より肌とのコントラストがつくブラックは、肌色を明るくきれいに見せる効果があって、肌を白く見せたい人におすすめの色。顔まわりがシャープに見えるので、ぼやけてきた輪郭を引き締めたい人や、モードな雰囲気が好きな人にも。

B ブラウン
BROWN

**毛流れに統一感が生まれて
品よくきれいな髪に**

ストレートのボブなど、まとまりのあるスタイルが好きな人にぴったりなのがブラウン。髪に統一感が出て、品よくツルンと整うのでアラが見えず、とにかく髪がきれいに見えます。質感に柔らかさも生まれるので、髪が固い人にも最適ですよ。

C　ピンクなどの暖色
WARM COLOR

D　紫などの寒色
COLD COLOR

温もりのあるカラーは
安心感のあるかわいさが

顔の温度感を上げて、安心感のあるかわいさを演出する色。誰にでも似合うし、誰からも好かれるイメージになります。繊細な発色で重さの出ない膨張色は、細い髪をふんわり見せる効果も。暖色特有の温もり感は、冬の寒い時季にも合いますね。

透明感が出るアッシュ系は
白髪ぼかしにも活躍

肌と保護色の関係になる、肌の白さにアプローチする寒色系は、透明感のあるムードが漂う色。白髪をぼかすときも活躍するアッシュ系は、涼しげに見えるので暑い夏にもおすすめ。でも髪が傷んで見えやすいので、ダメージが多い人はNGです。

PART 2　HAIR

AKAMATSU-ERI

おすすめの**カラーリング**法

光と影で立体感を操る「3Dカラー」は、本当におすすめ！ 私のサロンでも取り入れているのですが、ベース、ハイライト、ローライトの3色を組み合わせて染めます。例えば顔まわりにハイライトを入れてくすみを飛ばし、首まわりをローライトにして輪郭を引き締めるというように、髪も顔もデザイン可能。印象が激変しますよ！

5. 前髪を変える

顔の中で一番目立つ前髪は、もっとも
イメチェン効果が現れるパーツ。だからこそ
セルフカットしながらレングス調整も忘れないで。

必要なもの

ハサミ、コーム

ハサミは、刃がギザギザになったタイプが便利。切った髪の毛先に細かく自然な長短がつき、おでこになじみやすい。コームは密歯を使います。

BEFORE

**大人っぽく、しっとりした
イメージになる**

前髪は、顔の見え方を変える重要ポイント。雰囲気だけでなく、長さで肌が見えるスペースも変わるため、顔のサイズ感に影響します。顔の大きさ、長さが気になる人は前髪があるほうがおすすめ。

AFTER

**眉の位置で前髪をつくると
フレッシュにかわいく変身！**

ベーシックなのは、眉が隠れる長さ。決め手は眉頭の下。ここをチラッとのぞかせると、一番かわいくなります。サイドに流せるし、カールがつけられる長さなので、アレンジもしやすいんです。

How to ちょっと伸びたときのセルフカット

1 コームでとかして髪のふくらみを押さえて。中央の髪の**切りたい長さの下**を指で挟んで、**前にちょっと浮かせます。**

2 **浮かせたまま**、指から出ている髪をハサミでチョキチョキ。

浮かせて切ると、戻したときにちょうど理想の位置になるので、予定より短くなりません。

3 残った横の髪を指で挟んで、先に切った中央部から**やや斜め**に切ります。

手順は 1 2 と同様。少し斜めにカーブをつけて切れば、サイドの髪と自然につながります。

4 あごをあげ薄目を開いて、ラインからはみ出ている髪を**ハサミを縦にして**カット。

5 **前髪の表面をすくって**毛先を1cmくらいカット。レイヤーを入れて、立体感を出します。

5 TECHNIQUES
FOR
HAIR TROUBLES

加齢も怖くない！

ヘアの切実な悩みから解放される**テクニック**

髪はきちんと手をかければ、見違えます。
必要なのは、正しいお手入れの知識と、
発想の転換。こうしなければ直せない！
という勝手な思い込みを解き放てば、
切実だと思っていた悩みも、
自分の手でたやすく解決できるんです。

ぺったり、ボワッとふくらむ……。
髪のボリュームは**ドライヤーでコントロール**

髪の主成分のタンパク質は、熱によって形が変わる性質なので、ドライヤーの温風で髪を温めて形を決めて、冷風や手で冷やして固定すると、理想の形をつくることができます。髪はドライヤーの風の方向に整いますから、ドライヤーの風の向きを線だと考え、8割方全体を乾かした後、髪を向かせたい方向に風を当てて、ボリュームを調整しましょう。その際、髪はしっかり引っ張りましょう。中途半端に引っ張ると、整えた形がビヨンッとゴムのように戻って乱れてしまいますので、気をつけて！

ボリュームダウン

頭頂部

毛先

上から下に生えている髪の方向に合わせ、ドライヤーの温風を上から下へ。髪全体に風を送ったら、根元を手で押さえて、熱が冷めるまで待ちます。

毛先に温風を送った後、熱が冷めるまで手でにぎって、毛先が広がる原因となる広がったキューティクルの向きを整えて、固定します。

ボリュームアップ

頭頂部の髪を毛流れと逆向きに立ち上げ、髪の根元に温風を当てます。熱くなったら冷風に切り替えて冷まし、つくった立ち上がりを固定しましょう。

Technique 2

傷む、パサつく、枝毛、色が抜ける、広がる、湿気でクセが出る。毛の悩みには**インバストリートメント**

これらはすべて、髪の毛の内部の状態が整っていないから起こるトラブル。コンディショナーをする前に、悩みに対するアプローチ能力が高いトリートメントを投入しましょう。重点は、キューティクルを修復すること。とくに、広がる、クセが出るというように髪が暴れるのは混合肌のようなもの。髪一本の中で乾燥しているところと潤っているところが混ざって、キューティクルの向きが乱れているので、整えればまとまります。丁寧に浸透させましょう。ヌルヌルが完璧になくなるまですすいだ後、ケア前より髪が柔らかくなっていたら、きちんと整った証拠です。

> おすすめのトリートメント

〈 傷んだ髪の補修に 〉

アイロンなどでカチカチになった髪に柔軟成分が作用し、柔らかく。毛先の傷みやパサつき補修効果は秀逸です。オージュア フィルメロウ ヘアトリートメント 250g ¥3500／ミルボン（美容室限定品）

〈 弱った髪の補強に 〉

髪の強度をケアして、ダメージに負けない健康な髪にしてくれます。エイジング毛にも効果があるので、おすすめ。オージュア イミュライズ ヘアトリートメント 250g ¥4200／ミルボン（美容室限定品）

トリートメントの正しいつけ方

1 シャンプー後、髪をまとめて
水分をギュギュッとしぼります。

余分な水分をしぼっておくと、髪の中にトリートメント成分が入りやすくなります。

2 トリートメントをなじませた手のひらで、
毛先→中間→根元の順に
プレスしながら髪に浸透。

髪全体にトリートメントを行きわたらせ、乱れたキューティクルの向きを整えます。

3 トリートメントを追加し、
髪の毛先から中間までに
さらになじませます。

ダメージの多いところは、たっぷりなじませてあげましょう。

4 髪を毛先から中間までにぎり込んで、
手のひらでギュギュッと揉み込み、30秒キープ。
その後、コンディショナーを使用します。

手で挟んで、熱と圧を加え、トリートメントをしっかり浸透させて。

Technique
3
フケ、かゆみ、脂っぽい、臭い。 頭皮のトラブルには **洗う前のスカルプケア**

考えられる一番の原因は、頭皮の乾燥です。乾燥しすぎると、潤いを補おうと頭皮が過剰に皮脂を分泌し、その皮脂が酸化すると、臭いが発生する。つまり頭皮の悩みは、ぜんぶつながっているんですよ。そんな不潔な環境下で髪を洗わずに放置するって、想像しただけでも恐ろしくないですか？　なのでシャンプー前のスカルプケアで清潔にしましょう。髪に保湿が必要であるように頭皮にも保湿は絶対、欠かせません。同時に、汚れをきちんと浮かせて落としたり、栄養を与えることも大切。それらを一手に引き受けてくれるトニックを、緊張した頭の筋肉をしっかりゆるめ、マッサージしながら浸透させましょう。

おすすめのトニック

〈万能ヘアトニック〉

潤いと栄養を与えつつ汚れを浮かせて落としやすくするという働きが、これ一本でできるという優れもの。パミロール ヘアートニック エキストラクト 250ml ¥4300／レノール販売

スカルプケアの正しいつけ方

1 頭頂部の頭皮につける→すり込むを**少しずつ繰り返しながら**トニックを浸透させます。

濡らす前の乾いた頭皮につけます。トニックが顔に垂れないように。

2 頭頂部周辺の髪の中に手を入れ、**毛をユラユラと動かし**、トニックを根元と頭皮に行き渡らせます。

1点に集中させるような力を入れると表層の筋肉が緊張し、浸透が阻まれるので、揉まずに振動で毛穴をゆるませて。水面を揺らし、波紋を広げるようなイメージで一滴一滴のトニックを奥へ浸透させます。

3 手のひらでこめかみの上を押さえて、**頭皮をカクカクと**前後に6回ほど動かします。

力は入れずに、頭蓋骨から頭皮を引きはがすように動かします。動きが鈍かったら、コリがある証拠。しっかりほぐして。

4 **親指で後頭部下のくぼみを押さえ**、頭を後ろに倒して重みをのせ、7秒キープ。

トニックの浸透を高めるために、頭皮の血管とつながっている、首まわりのコリをほぐしていきます。

5 頭頂部の頭皮を両親指のつけ根で挟むように**ギューッと中央に集めて**、7秒キープします。

血行を頭頂部に集めて、さらにトニックの浸透をアップ。その後シャンプー、コンディショナーで頭を洗います。

Technique 4
抜け毛、産後、毛痩せ。薄毛が気になるときは<u>マッサージ&専用ファンデ</u>でカバー

　髪の毛量に関わる悩みはなかなか短期に解決できないだけに、日々のお手入れの積み重ねと、アイデアでカバーしなければなりません。両方で乗り切りましょう。お手入れでは、側頭筋にアプローチして血行の滞りをなくし、血流を頭皮全体に行き渡らせるマッサージを。毛根に栄養が届きやすいコンディションに整えます。結果が出るまでの間は、ヘアメイクで目くらまし。作戦その1は、今ある髪を使って、薄いところを"かさまし"すること。その2は、カバーファンデーションで影をつけること。頭皮が"白ヌケ"しなくなり、グッと印象が若くなりますのでお試しを！

> カバーファンデーションを使う

BEFORE

AFTER

ヘアファンデーションは、頭頂部、分け目などどこにでも使えます。手が汚れることのないポンポンタイプが便利。頭皮にムラなくフィットし、まわりの髪と違和感なくなじむので、至近距離で見ても完璧に自然です。

薄い部分にポンポンポンとまんべんなく広げると、ご覧の通り！　ただし、メイクと一緒ですので、その日のうちにシャンプーで落としてくださいね。

逆毛でボリュームアップ

分け目の髪を**上向きに立てて**、根元に逆毛を立てます。

根元から10cmくらいの高さから下に向けて、コームで3回しごきます。逆毛を立てた側を内側に髪を戻して。

髪を寝かしたままで逆毛を立ててもボリュームアップしません。

血行をよくするマッサージ

1. 指を開いて側頭部の髪の中に入れ込み、**手のひらを密着させ**、手全体で7秒ほど側頭筋をほぐします。

頭皮を頭蓋骨から引きはがすイメージで、クルクルとまわします。手のつけ根が当たっているこめかみも一緒に揉みほぐしましょう。

2. 前頭部の頭皮を下から上へ3回ほど**グーッと持ち上げます**。

指を開いて髪の中に入れ込み、両手でこめかみから頭頂部を押さえます。指を交差させるように持ち上げ、血行を促進させます。

Technique
5
加齢とともに目立ってくる
白髪にはカラーリング&応急セルフ染め

　昔はサロンですら白髪染めのバリエーションが少なくて、あまり色を選ぶことができない状況だったのですが、今はカラーやトーンの種類がすごく増えて、いろいろ楽しめるようになっています。とはいえ私は、最初から白髪用を使用しなくてもいいのではと、常々思っているんですよね。白髪染めをはじめたら、ずっと染め続けることになるので、まだ分量が少なくまばらに点在しているくらいの人、あるいは髪色が明るい人は、ファッションカラーで他の髪となじむようにぼかして、遊びながら徐々に白髪染めにシフトしていってもいいと思います。白髪染めの種類が増えたとはいっても、やっぱりおしゃれさはファッションカラーとは比べものにならないし、ニュアンスの具合も違います。最近は部分的に白髪染めできるワンデイタイプのカラー剤もあるので、おでかけのときだけごまかすこともできます。本格的な白髪染めに足を踏み入れる前に、そういった今の時代ならではのアイテムを、うまく利用しましょう！

How to アイテム別 応急セルフ染めの方法

TYPE_01　襟足、もみあげ、ふと気になる数本
>> マスカラタイプ

細く小さく、小回りのきくマスカラタイプは、塗る毛量が少ない襟足の後れ毛やもみあげなどにぴったり。ホールド＆キープ力が高いので、長時間外出するときにも役立ちます。

使い方はまつ毛用のマスカラと同じ。白髪のある髪の根元から毛先へとかすように塗ります。

TYPE_02　分け目、生え際、筋状の白髪
>> 刷毛タイプ

ムラなく塗れてぼかしやすいので、地毛との差がナチュラルに。筋のように出る白髪の他、"面"で塗れるので、まとめ髪をすると目立つ白髪にも適しています。

髪の毛流れと同じ方向に刷毛を動かし、サッサッサッと根元から髪表面をなでるように。

TYPE_03　あちこち散らばるまだらな白髪
>> くしタイプ

髪の根元を起こしながら塗れるくしタイプは、広範囲に使っても髪がベタッとつぶれないので、四方八方に散らばる、まだらな白髪をナチュラルにカバー。

髪を片手でざっくりかきあげながら、白髪周囲の髪を根元からすくって起こすように塗って。

赤松絵利
Eri Akamatsu

ヘアメイクアップアーティスト。1996年、都内サロンを経て、宮森隆行のもとでヘアとメイクを学ぶ。1999年、ヘアメイクアップアーティストとして活動スタート。現在は表参道にあるヘアサロン「esper.」のオーナーとなり、美容学校などで講師も務めている。「自分らしいかわいい顔、自分らしい美人顔」を追求し、蒼井優、綾瀬はるか、多部未華子、鶴田真由、常盤貴子ら、多くの女優、モデル、ミュージシャンなど、個性がありかつナチュラル美人を代表する芸能人たちのヘアメイクを手掛ける。雑誌、広告以外にも、ヘアメイクプランナーとしてドラマ「おせん」、「ドS刑事」、「わたしを離さないで」、舞台「グッドバイ」(シス・カンパニー公演)、モーツァルト歌劇「フィガロの結婚」(野田秀樹演出)、「狸御殿」(宮本亜門演出)や2020年東京オリンピックに向けたワークショップ「東京キャラバン」(野田秀樹監修)、ミナ ペルホネン展覧会「1°°ミナカケル」(2015年)、Eテレ「にほんごであそぼ」などにも参加。活動の幅を広げている。

スタッフ

構成 _ 橋本日登美
撮影 _ 大坪尚人(モデル)、伊藤泰寛(静物)
モデル _ 浦 まゆ(アミューズ)、髙木美佑
スタイリング協力 _ 山本マナ
イラストレーション _ 佐伯ゆう子
アートディレクション _ 松浦周作 (mashroom design)
デザイン _ 石澤 縁、江田智美 (mashroom design)
ヘアメイクアップアシスタント _ 伏屋陽子

協力

オプティカルテーラー クレイドル青山店
☎03-6418-0577

ベアミネラル　☎0120-24-2273
エレガンス コスメティックス　☎0120-766-995
ミルボン　☎0120-658-894
レノール販売　☎0120-17-8360

＊掲載アイテムは一部を除き、すべて私物となります。販売していないもの、パッケージが違うものもありますので、ご了承ください。
＊掲載アイテムの情報、その他情報は2017年3月現在のものとなります。また価格表記は税抜き本体価格です。

講談社の実用BOOK
世界一シンプルな
ナチュラルメイクの教科書
（せ かい いち／きょう か しょ）

自分に一番似合うメイク＆ヘアが
ひと目でわかる
（じ ぶん　いち ばん　に／め）

2017年4月19日　第1刷発行
2020年3月9日　第3刷発行

著者　赤松絵利（あか まつ え り）
©Eri Akamatsu 2017, Printed in Japan

発行者　渡瀬昌彦
発行所　株式会社　講談社
　　　　〒112-8001
　　　　東京都文京区音羽2-12-21
　　　　編集　☎03-5395-3560
　　　　販売　☎03-5395-3606
　　　　業務　☎03-5395-3615
印刷所　大日本印刷株式会社
製本所　株式会社国宝社

落丁本・乱丁本は購入書店名を明記のうえ、小社業務あてにお送りください。送料小社負担にてお取り替えいたします。なお、この本についてのお問い合わせは、からだとこころ編集あてにお願いいたします。本書のコピー、スキャン、デジタル化等の無断複製は、著作権法上での例外を除き禁じられています。本書を代行業者等の第三者に依頼してスキャンやデジタル化することは、たとえ個人や家庭内の利用でも著作権法違反です。定価はカバーに表示してあります。

ISBN978-4-06-299872-7